훈민정음 해례본
낱말 날적이

해례본 속 한글 낱말
124개의 15세기 발
음과 현대말을 들어보
세요.

김슬옹 지음

훈민정음 전공 국어사학자이자 한글 운동가다. 외솔 최현배 선생의 뜻을 잇고자 철도공무원을 거쳐 연세대학교 국어국문학과에 입학해 박사 학위(훈민정음 해례본학)를 받았다. 상명대학교에서 문학 박사(훈민정음·한글역사), 동국대학교에서 국어교육학 박사 학위를 받았다. 2015년에 간송미술관에 소장되어 있는 《훈민정음》 해례본 원본(1446)을 직접 보고 최초 복간본을 해설했다. 훈민정음학과 세종학 연구 업적으로 세종문화상 대통령상(학술)과 외솔상(학술), 연문인상, 대한민국 한류대상 등을 수상했다.

지금은 세종국어문화원 원장으로 재직하면서 한국외국어대학교 교육대학원 객원교수로 후학을 양성하고 있다. 한글학회 이사, 세종대왕기념사업회 전문위원, 한글닷컴 한글연구소 소장으로도 활동하고 있다. 《길에서 만나는 한글》 《훈민정음 해례본 함께 읽기》를 비롯해 우리 말글 관련 저서 126권(72권 공저)과 논문 150여 편, 대중 칼럼 1천여 편을 집필했다.

❖ **날적이**는 '날마다 적는 것'이라는 뜻의 순우리말입니다. 한글과 우리가 살아온 긴 이야기를 날마다 한 낱말씩 손 끝으로 따라가 보세요.

훈민정음 해례본 낱말 날적이

김슬옹 지음

해례본 속 한글 낱말 124 필사

마리북스

1446년, 세종대왕은 훈민정음을 세상에 내놓으면서 한 가지 간절한 바람을 품었습니다. '어린 백성'도 쉽게 익혀 날마다 쓸 수 있는 글자이기를. 그래서 세종은 훈민정음 해례본에 어렵고 낯선 말이 아니라, 소·벌·콩·밥·옷·실처럼 누구나 아는 생활 낱말을 골라 실었습니다. 부엉이의 울음소리, 범의 어흥 소리, 노루가 뛰어다니는 산천의 풍경이 해례본 속에 생생히 살아 있는 까닭이 바로 여기에 있습니다.

이 낱말들은 단순한 글자 보기가 아닙니다. 세종이 백성의 곁에서 백성의 입말을 귀 기울여 들었다는 증거이며, 가장 친근한 말에서 출발해야 비로소 글자가 백성의 것이 된다는 깊은 믿음의 표현입니다. 누구나 편하게 쓸 수 있는 삶의 도구로 문자를 만들겠다는 뜻이 낱말 하나하나에 오롯이 배어 있는 것입니다. 해례본에 실린 124개 한글 낱말은 곧 세종이 백성에게 건넨 가장 다정한 첫인사였습니다.

그 124개 낱말을 가만히 들여다보면 우리 조상들의 삶이 고스란히 펼쳐집니다. 동물 나라에는 부엉이·범·노루·소·여우·제비가 뛰놀고, 식물 나라에는 감·콩·팥·벼·파·버들이 사계절을 수놓습니다. 자연 나라에는 땅과 산과 물과 달이 있고, 사람 나라에는 사랑하다·쏟다처럼 사람의 행위를 담은 말이, 생활 나라에는 종이·호미·채찍·우산 같은 생활도구의 이름이 있습니다. 이 낱말들은 580년 전 우리 땅에서 살아 숨 쉬던 말의 풍경이자, 한글이라는 문자가 처음 세상에 나올 때 입고 있던 가장 소박하고 아름다운 옷입니다.

이 책은 그 표기 낱말 124개를 날마다 한 낱말씩 손으로 적어 보는 '날적이'입니다. '날적이'란 '날마다 적는 것'이라는 뜻으로, 매일 낱말들을 또박또박 적으며 그 말의 옛 모습과 오늘의 모습을 만날 수 있습니다. 15세기 옛말과 현대말을 나란히 놓고, 그사이 세월의 결을 느끼며, 한글이 살아온 긴 이야기를 손끝으로 따라가 보는 것입니다.

손으로 적는 행위에는 특별한 힘이 있습니다. 눈으로 읽기만 할 때에는 스쳐 지나가던 글자가 한 획, 한 획 손으로 적는 순간 비로소 내 것이 됩니다. '쇼'라고 적으며 소의 커다란 눈망울을 떠올리고, '슈룹'이라고 적으며 빗속에서 누군가에게 우산을 건네던 기억을 더듬는 일. 그것이 바로 세종이 꿈꾸었던 문자의 쓰임이 아니었을까요.

글자를 아는 것에서 한 걸음 더 나아가, 그 글자로 삶을 기록하고 마음을 나누는 것. 날적이는 그 첫걸음을 세종의 낱말과 함께 시작하자는 작지만 큰 제안입니다.

올해 2026년은 훈민정음 반포 580돌이자 한글날 제정 100돌이 되는 뜻깊은 해입니다. 580년 전 세종이 뿌린 씨앗이 100년 전 '한글날(가갸날)'이라는 이름으로 꽃피었고, 오늘 우리는 그 꽃이 맺은 열매를 누리며 살고 있습니다. 이 특별한 해에 해례본에 실린 한글 첫 낱말들을 다시 손으로 적어 보는 일, 580년의 시간을 거슬러 세종의 마음 앞에 서 보는 일입니다. 동시에 100년의 한글 사랑을 이어받아 다음 세대에게 전하는 일이기도 합니다.

이 책에 담긴 124개 낱말에는 저마다의 이야기가 있고, 저마다의 울림이 있습니다. '괴·여(사랑하여)'라는 옛말 속에는 지금은 사라진, 그러나 여전히 가슴 뭉클한 사랑의 빛깔이 있고, '깃(둥지)'이라는 한글자 속에는 하루의 끝에서 돌아갈 따뜻한 보금자리를 그리는 마음이 있습니다. 어린아이도, 어른도, 한글을 처음 배우는 외국인도 이 낱말들 앞에서는 모두 같은 마음이 될 수 있습니다.

　　부디 이 책이 한글의 첫 숨결을 손끝으로 느끼는 따뜻한 시간이 되기를 바랍니다. 날마다 한 낱말씩 적다 보면, 어느새 580년의 세월이 손바닥 위에 놓일 것입니다. 그리고 그 손바닥 위에서 세종의 다정한 목소리가 들릴 것입니다.

　　"우리나라 말이 중국 말과 달라 한자와는 서로 잘 통하지 않는다. 그러므로 글 모르는 백성이 말하려는 것이 있어도, 끝내 제 뜻을 능히 펼치지 못하는 사람이 많다. 내가 이것을 가엾게 여겨 새로 스물여덟 자를 만드니, 사람마다 쉽게 익혀 날마다 씀에 편안케 하고자 할 따름이다."

　　그 안타까운 마음에서 태어난 글자가 오늘, 여러분의 손끝에서 다시 태어납니다.

2026년 3월 김슬옹

차례

사람 나라 • 139

아ᅀᆞ 아우, 동생 | :죵 종, 노비 | :사ᄅᆞᆷ 사람 | ·힘 힘줄, 근육
·톡 턱 | ·입 입 | ·손 손 | ᄇᆞᆯ 팔 | ·혀 혀 | 녑 옆구리
·발·측 발뒤축, 발꿈치 | ·굽 굽, 발굽, 발톱

행위 나라 • 165

괴·여 사랑하여, 괴어 | 괴·ᅇᅧ 사랑받아, 괴여
소·다 쏟아 | 쏘·다 쏘다 | ᄣᅡᆨ 짝, 외짝 | ·ᄠᅳᆷ 틈
ᅘᅧ 당겨, 켜 | ·깃 둥지, 보금자리

농사 나라 • 183

·논 논 | 호·ᄆᆡ 호미 | ·낟 낫 | ·키 키 | ·밥 밥 | ·엿 엿

생활 나라 • 197

죠ᄒᆡ 종이 | ·ᄎᆡ 채찍 | 드·레 두레박 | ·톱 톱
벼·로 벼루 | ᅌᅵ·ᅀᅡ 잉아 | 숫 숯 | 구·리 구리
브ᅀᅥᆸ 부엌 | :널 널, 널빤지 | 다·야 대야, 손대야
슈룹 우산 | 쥬련 수건 | 독 독, 옹기
·갇 갓 | 붇 붓 | ·신 신, 신발 | ·쳬 체 | ·ᄌᆞ 자 | 드·ᄫᅴ 뒤웅박
쥭 주걱, 밥주걱 | ·옷 옷 | :실 실 | ·과 안족, 거문고 기둥
·홰 횃불 | ·낛 낚시 | 활 활 | ·갈 칼 | :깁 깁, 비단 | ·몯 못
갗 가죽, 껍질 | :밀 밀랍 | ·뎔 절, 사찰 | ᄃᆞ리 다리 | ·담 담, 담장
·울 울타리 | 긷 기둥

엿의꽃

옷 실 짜

짝 뽐 혀 ᅘᅧ

괴·여 괴·여 소·다

쏘·다 과 홰 훍 낫

갈 붇 긷 녑 낟·깁 몯 입 감 골 우케 콩 러울 서에 뒤

텀 노로 볼 ·별 파 풀 ·미 마 사·비 드뵈 ·자 죠히 체

·부헝 힘 ·비육 ·부얌 무뤼 어름 아슈 ·너싀 톡

두리 ·그래 ·믈 ·발측 그력 드레 깃 ·밀 피

·키 논 톱 호·미 벼·로 밥 낟 이·아

사·슴 숫 울 느·에 구·리 브섭 ·널

서·리 버들 죵 ·고욤 쇼 삽됴 남샹

약 다·야 쟈감 율·믜 쥭 슈룹 쥬련 ·엿

별 벼 져비 닥　　　　　　　독 ·굼벙 올창

실 신　　　　　　　　　　　반되 섭 급

심　　　　　　　　　　　　　잣 못

별

동물 나라

·부헝

부엉이

'·부헝'은 '부엉이'의 옛말로 순우리말이에요. 부엉이가 우는 소리인 '부엉'에 접미사인 '-이'가 붙어서 만들어진 이름입니다. 부엉(울음소리)＋이(접미사)이지요. 부엉이와 올빼미가 헷갈린다는 분들도 많은데요, 부엉이와 올빼미 모두 순우리말이지요. 머리에 부엉이의 'ㅂ'처럼 머리에 뾰족한 깃털 귀가 있으면 부엉이이고요, 머리가 '올빼미'의 'ㅇ'처럼 매끈하고 둥글면 올빼미입니다.

우리 조상들은 부엉이를
'재물을 물어 오는 새'로 여겼어요.
여러분에게 재물을 물어다 주는 것은 무엇인가요?

✦ '부엉이'를 15세기 말과 현대말로 써 볼까요?

✦ '부엉이'에 관한 오늘의 한 줄을 써 보세요.

:범

범, 호랑이

‘:**범**’은 ‘호랑이’를 뜻하는 우리 고유의 옛말이에요. 아주 오랜 옛날부터 우리 조상들은 이 용맹한 동물을 ‘:**범**’이라고 불러 왔답니다. ‘호랑(虎狼)이’라는 말이 널리 쓰이게 되면서 지금은 두 낱말을 함께 쓰지만, ‘범 내려온다’라는 표현처럼 우리 정서가 깊게 배어 있는 낱말은 역시 ‘범’이지요. 예전에는 무서운 동물을 통칭하여 ‘호랑이’라 부르기도 했지만, 지금은 우리가 아는 줄무늬 대장, ‘범’의 대명사가 되었답니다.

우리 조상들은 범을 무서운 맹수로 여기면서도, 나쁜 기운을 막아 주고 산을 지키는 ‘산신령’이나 ‘영물’로 귀하게 대접했어요. 여러분의 든든한 수호신이 되어 주는 존재는 무엇인가요?

◆ '범'을 15세기 말과 현대말로 써 볼까요?

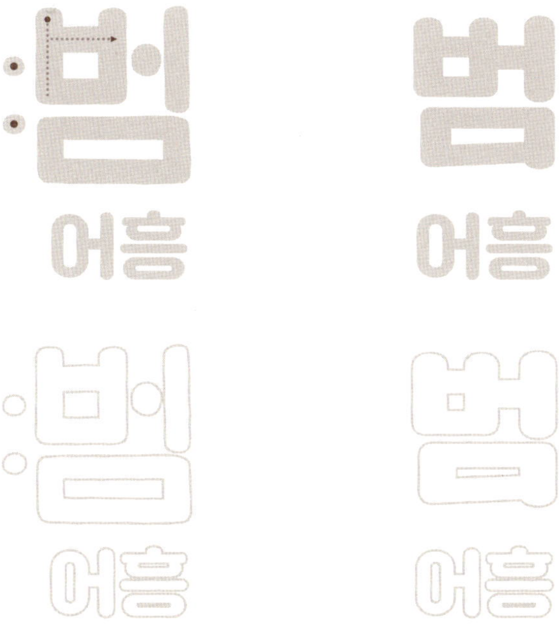

◆ '범'에 관한 오늘의 한 줄을 써 보세요.

노루

　‘**노로**’는 산에서 뛰노는 ‘노루’의 옛말이에요. 시간이 흐르며 모음이 변해 오늘날의 ‘노루’가 되었답니다. 노루는 옛 기록이나 문학 속에도 자주 등장하는 정겨운 이름이에요. 노루와 고라니는 ‘뿔’과 ‘송곳니’로 구분해요. 수컷 노루는 머리에 멋진 뿔이 있지만 겉으로 보이는 송곳니는 없어요. 고라니는 암수 모두 뿔이 없는 대신, 수컷의 입 밖으로 송곳니(엄니)가 길게 나와 있어요. 엉덩이에 하얀 하트 모양 반점이 있다면 그건 영락없는 노루예요!

우리 조상들은 노루를 온순하고 영특한 동물로 여겨,
꿈에 노루가 나타나면 재물이 생기거나
기쁜 일이 생길 징조라고 믿었어요. 여러분도 오늘 밤,
노루가 나오는 기분 좋은 꿈을 꾸어 보세요.

✦ '노루'를 15세기 말과 현대말로 써 볼까요?

✦ '노루'에 관한 오늘의 한 줄을 써 보세요.

사슴

'사ᄉᆞᆷ'은 오늘날 우리가 부르는 '사슴'의 옛말이에요. 아래아(·하늘아)가 쓰인 정겨운 모양새를 하고 있지요. 세월이 흐르면서 두 번째 글자의 아래아가 'ㅡ'로 변해 지금의 '사슴'이 되었답니다. 사슴은 십장생 중 하나로 아주 오랫동안 사랑받아 온 동물이에요. 사슴의 뿔은 나뭇가지처럼 매년 새로 돋아나고 떨어지기를 반복하는데, 그 모습을 마치 만물이 소생하는 생명력처럼 보았어요. 덕분에 사슴은 평화와 장수를 상징하는 신비로운 영물로 대접받았답니다.

혹시 '사슴이 옹달샘에 발을 담그고 간다'라는 동요를 아시나요?
우리 조상들은 사슴이 나타나는 곳을 신성하고
복된 장소라고 믿었어요. 매일, 평화와 장수를 상징하는
사슴을 떠올리며 소원을 빌어 보세요.

✦ '사슴'을 15세기 말과 현대말로 써 볼까요?

✦ '사슴'에 관한 오늘의 한 줄을 써 보세요.

소

'쇼'는 우리가 잘 아는 '소'의 옛말이에요. 《훈민정음》 해례본 용자례 편에도 등장하는 정겨운 이름이지요. 15세기에는 '쇼'라고 발음하던 것이 시간이 지나면서 모음의 변화를 거쳐 지금의 담백한 '소'가 되었답니다. '소는 농가의 밑천'이라는 말이 있을 정도로, 농사일을 돕는 든든한 일꾼이자, 때로는 집안의 큰 재산이 되어주기도 했어요. 소의 커다란 눈망울과 묵묵히 자기 일을 해내는 모습은 우리 민족의 성실함과 참 많이 닮아 있습니다.

우리 조상들은 소를 '말 못 하는 선비'라고 부르기도 했어요. 그만큼 성정이 온순하고 인내심이 강하다는 뜻이겠지요. 여러분도 우직한 소처럼 올 한 해를 보내 보면 어떨까요?

✦ '소'를 15세기 말과 현대말로 써 볼까요?

✦ '소'에 관한 오늘의 한 줄을 써 보세요.

여우

'엿'은 '여우'의 옛말이에요. 15세기에는 끝에 반치음(ㅿ)이 살아 있었어요. 'ㅿ'은 'ㅅ'보다 약한 소리로 영어의 'Z' 발음과 비슷한데요, 시간이 흐르며 이 소리가 사라져 지금의 '여우'가 되었답니다. 우리 민족에게 여우는 꾀가 많고 영리한 동물의 대명사였어요. 사람으로 변신한다는 설화도 많지만, 사실 쥐를 잡아 농사를 도와주는 고마운 동물이었지요.

우리 조상들은 여우를 영리하다 못해 신통한 능력을 가진 동물로 생각했어요. 그래서인지 '여우 같다'라는 말이 얄밉다는 뜻으로 쓰이기도 하지만, 영리하다는 뜻으로도 쓰이지요.

✦ '여우'를 15세기 말과 현대말로 써 볼까요?

✦ '여우'에 관한 오늘의 한 줄을 써 보세요.

러울

너구리

　‘**러울**’은 ‘너구리’의 옛말이에요. 처음엔 ‘ㄹ’로 시작하다가 나중에 ‘ㄴ’으로 바뀌고, 접미사 ‘-이’가 붙어 지금의 이름이 되었지요. 너구리는 통통한 몸집과 눈가에 검은 안경을 쓴 듯한 귀여운 얼굴이 특징이에요. 겁이 많아 놀라면 죽은 척을 하기도 하는데, 그 모습이 마치 능청스럽게 연기하는 것 같아 ‘너구리 같다’라는 표현이 생겼답니다.

우리 조상들은 너구리의 능청스러운 성격을 보고
‘너구리 같다’라는 재미있는 표현을 만들기도 했어요.
너구리는 정말 연기의 달인일까요?
여러분은 언제 너구리처럼 연기의 달인이 되나요?

✦ '너구리'를 15세기 말과 현대말로 써 볼까요?

✦ '너구리'에 관한 오늘의 한 줄을 써 보세요.

납

원숭이, 잔나비

'납'은 '원숭이'를 뜻하는 순우리말이에요. 여기에 '빠르다'는 뜻의 '재다'가 붙어 '잰나비>잔나비'가 되기도 했지요. '원숭이'가 들어오기 훨씬 전부터 우리 조상들은 이 영특한 동물을 '납'이라 불렀어요. 십이지신 중 아홉 번째 동물이기도 한 '납'은 재주가 많고 지혜로운 동물의 상징이랍니다.

우리 조상들은 원숭이를 재주꾼이자
지혜로운 동물로 여겨 그림이나 조각에 자주 새겼어요.
여러분에게는 어떤 재주가 있나요?

✦ '원숭이'에 관한 오늘의 한 줄을 써 보세요.

뱀

　‘·ᄇ얌’은 ‘뱀’의 옛말이에요. 아래아(하늘아)가 들어간 두 글자 낱말이였는데, 소리가 합쳐지면서 지금의 한 글자 낱말인 ‘뱀’이 되었답니다. 옛사람들은 뱀이 허물을 벗는 것을 보고 ‘영원한 생명’이나 ‘재생’을 의미한다고 생각했어요. 뱀은 무서운 존재이기도 했지만, 집을 지켜 주는 ‘업신’으로 모시기도 했던 신비로운 동물입니다.

우리 조상들은 집을 지켜 주는 구렁이를
‘업신’이라 부르며 소중히 여겼어요.
그런데 ‘구렁이(뱀 가운데 우리나라의 큰 뱀) 담 넘어가듯’ 같은 표현은
왜 생겼을까요? ‘용두사미龍頭蛇尾’가 되었던 새해 계획이 있나요?

✦ '뱀'을 15세기 말과 현대말로 써 볼까요?

✦ '뱀'에 관한 오늘의 한 줄을 써 보세요.

두텁
두꺼비

‘**두텁**’은 ‘두꺼비’의 옛말이에요. 여기에 접미사 ‘-이’가 붙어 ‘두터비’가 되었다가 지금의 ‘두꺼비’가 되었지요. ‘헌집 줄게 새집 다오’라는 노래의 주인공이기도 해요. 개구리와 비슷하지만 크기만 더 크고 등에는 오톨도톨 돌기가 있어요. 조상들은 두꺼비를 복을 가져다주는 영물로 여겨, 집 안에 두꺼비가 들어오면 절대 해치지 않고 극진히 대접했답니다.

우리 조상들은 두꺼비를 은혜를 갚을 줄 아는
선한 동물이자 복덩이로 생각했어요. 두꺼비가 집에 온다면
여러분에게는 어떤 복을 가져다줄 것 같나요?

✦ '두꺼비'를 15세기 말과 현대말로 써 볼까요?

✦ '두꺼비'에 관한 오늘의 한 줄을 써 보세요.

굼벙

굼벵이

'**굼벙**'은 '굼벵이'의 옛말이에요. '굼실굼실' 움직이는 모양에 접미사가 붙어 만들어진 이름이지요. 땅속이나 큰 나무줄기 속, 또는 초가집 지붕 속에 살았어요. 몸통은 굵고 다리는 짧아요. '굼벵이도 구르는 재주가 있다'라는 속담처럼, 걸보기엔 느리고 보잘것없어 보여도 저마다의 특별한 장점이 있다는 희망을 주는 동물이기도 합니다.

우리 조상들은 눈에 잘 띄지 않고 느릿한 굼벵이에게도
저마다의 재주가 있다고 믿었어요.
여러분만의 특별한 '구르는 재주'는 무엇인가요?

✦ '굼벵이'를 15세기 말과 현대말로 써 볼까요?

✦ '굼벵이'에 관한 오늘의 한 줄을 써 보세요.

·비육

병아리

'·비육'은 '병아리'의 아주 오래된 이름이에요. 병아리 울음소리인 '삐약삐약'이라는 말에서 비롯된 말이지요. 솜털 보송보송한 '·비육'의 움직이는 모습은 예나 지금이나 생명의 시작을 알리는 가장 귀엽고 사랑스러운 풍경입니다.

우리 조상들은 마당에서 노니는 병아리를 보며 생명의 소중함을 느꼈어요. 잠깐, 어린 시절 병아리를 키우던 동심으로 돌아가 보는 건 어떤가요?

✦ '병아리'를 15세기 말과 현대말로 써 볼까요?

✦ '병아리'에 관한 오늘의 한 줄을 써 보세요.

올창

올챙이

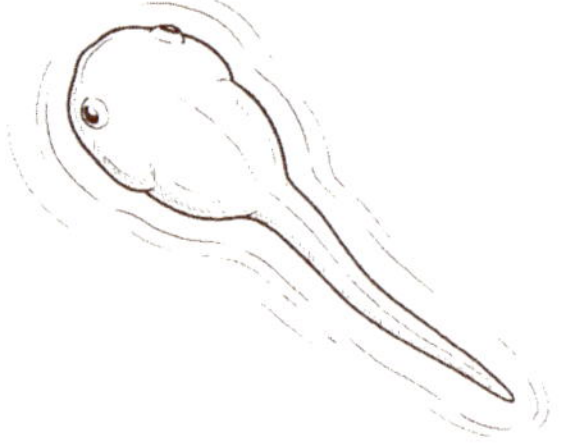

  '올창'은 '올챙이'의 옛말이에요. 뒷다리가 쑥, 앞다리가 쏙 나오기 전의 꼬리가 있고 동글동글한 모습을 '올창'이라고 불렀지요. 개구리가 되기 위해 부지런히 헤엄치는 올챙이는 우리에게 늘 '성장'과 '희망'을 떠올리게 하는 고마운 친구예요.

우리 조상들은 올챙이가 개구리가 되는 과정을 보며 자연의 신비로움을 배웠어요. 여러분은 지금 어떤 멋진 모습으로 변신하기 위해 헤엄치고 있나요?

✦ '올챙이'를 15세기 말과 현대말로 써 볼까요?

✦ '올챙이'에 관한 오늘의 한 줄을 써 보세요.

·반되

반디, 반딧불이

'·반되'는 밤하늘을 반짝반짝 수놓는 '반딧불이'의 옛 말이에요. '반짝'이는 빛에서 유래한 이름이지요. 전기가 없던 시절, 우리 조상들은 꼬리에서 빛을 내는 반딧불이를 여러 마리 모아 책을 읽을 정도로 친숙한 존재였어요. 어둠 속에서 스스로 빛을 내며 날아다니는 반디는 작지만 강한 존재감을 뽐냅니다.

우리 조상들은 반딧불 아래에서 공부하며
꿈을 키우기도 했어요. 여러분의 밤을 환하게 밝혀 주는
마음속의 반딧불은 무엇인가요?

✦ '반디, 반딧불이'를 15세기 말과 현대말로 써 볼까요?

✦ '반딧불이'에 관한 오늘의 한 줄을 써 보세요.

벌

　‘:벌’은 15세기나 지금이나 변함없이 ‘벌’이라고 불려 왔
어요. 부지런히 꽃을 찾아다니며 달콤한 꿀을 모으는 벌
은 예로부터 ‘근면함’의 상징이었지요. 특히 꿀은 귀한 약
으로 쓰였기에, 조상들은 벌을 아주 소중한 손님으로 여겼
답니다.

　우리 조상들은 부지런히 꿀을 모으는 벌을
정직한 일꾼으로 생각했어요. 여러분은 지금 벌처럼 열심히
꿀을 모으고 있나요? 그렇지 못하다면 그 이유는 무엇인가요?

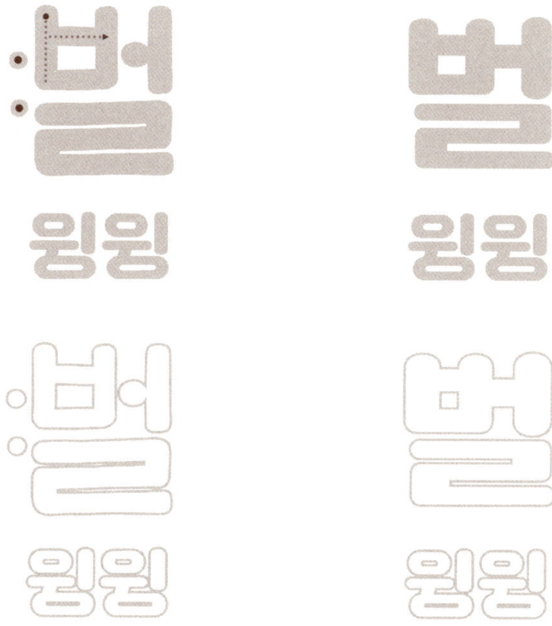

✦ '벌'에 관한 오늘의 한 줄을 써 보세요.

·폴

파리

　'·폴'은 '파리'의 옛말이에요. 한 글자였던 낱말이 소리가 길어지며 두 글자인 '파리'가 되었지요. 비록 우리 곁에서 귀찮게 굴기도 하지만, 앞발을 싹싹 비비는 파리의 독특한 모습은 옛날 시조나 우스갯소리에도 자주 등장하는 재미있는 소재였답니다.

우리 조상들은 앞발을 비비는 파리를 보고 '비는 사람'에 비유하며 익살스럽게 표현했어요. 여러분은 누군가에게 앞발을 싹싹 비는 파리처럼 빌어 본 적이 있나요? 떠올리고 싶은 기억인가요, 지우고 싶은 기억인가요?

✦ '파리'를 15세기 말과 현대말로 써 볼까요?

✦ '파리'에 관한 오늘의 한 줄을 써 보세요.

그력

기러기

　‘**그력**’은 ‘기러기’의 옛말이에요. 기러기가 날아갈 때 내는 소리를 본떠 만든 이름이지요. 기러기는 한 번 짝을 맺으면 평생을 함께한다고 믿어, 우리 조상들은 혼례상에 나무 기러기를 올리며 부부의 화합과 신뢰를 약속했답니다.

우리 조상들은 사이좋은 기러기를 보며 변치 않는
사랑과 믿음을 배웠어요. 여러분에게 기러기처럼
먼 길을 함께 가는 든든한 동반자가 있나요?

✦ '기러기'를 15세기 말과 현대말로 써 볼까요?

✦ '기러기'에 관한 오늘의 한 줄을 써 보세요.

느시, 너새

　　'**:너싀**'는 '느시'라고 불리는 커다란 새의 옛말이에요. '너새'라고도 하지요. 지금은 아주 보기 힘든 귀한 새가 되었지만, 옛날에는 우리 들판에서 자주 볼 수 있었던 멋진 새였지요. 몸집은 크지만 나는 모습이 당당하여 우리 산천의 기품을 더해 주던 동물이었답니다.

　　우리 조상들은 들판에서 위엄 있게 걷는 느시를 보며 자연의 풍요로움을 느꼈어요. 산천을 지키는 늠름한 파수꾼 같은 느시처럼 자연의 풍요로움을 느끼는 하루를 보내 보세요.

◆ '느시, 너새'를 15세기 말과 현대말로 써 볼까요?

◆ '느시'에 관한 오늘의 한 줄을 써 보세요.

제비

'ᄌᆑ비'는 봄을 알리는 전령사 '제비'의 옛말이에요. 'ㅣ' 모음의 영향으로 'ᄌᆑ비'가 '제비'로 소리가 변했지요. 흥부전에서 제비가 박씨를 물어다 주듯, 조상들은 제비가 처마 밑에 집을 지으면 그 집에 복이 들어온다고 믿으며 무척 반가워했답니다.

우리 조상들은 봄이면 찾아오는 제비를
가장 반가운 손님으로 여겼어요. 지금 여러분이 가장
기다리고 있는 반가운 소식은 무엇인가요?

◆ '제비'를 15세기 말과 현대말로 써 볼까요?

◆ '제비'에 관한 오늘의 한 줄을 써 보세요.

사ᄫᅵ

새우

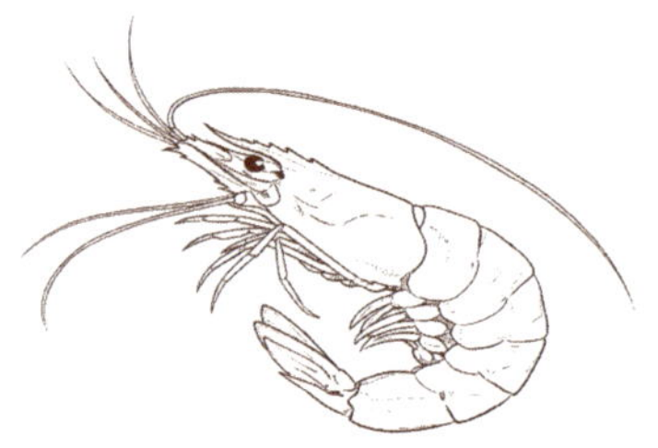

 '**사ᄫᅵ**'는 바다와 강에 사는 '새우'의 옛말이에요. 중간에 있는 입술가벼운소리(ㅸ)가 사라지면서 지금의 '새우'가 되었답니다. 전라도에서는 그 소리가 남아 '새우'를 '새비'라고 부른답니다. '고래 싸움에 새우 등 터진다'라는 속담처럼 새우처럼 작고 약해 보일 때도 있지만, 굽은 허리로 힘차게 튀어 오르는 모습이 아주 역동적이지요.

우리 조상들은 허리가 굽어도 힘차게 튀어 오르는
새우를 보며 생명력을 느꼈어요.
여러분도 새우처럼 잠시 굽어 있더라도
세상을 향해 힘차게 튀어 오를 생명력을 품고 있을 거예요.

✦ '새우'를 15세기 말과 현대말로 써 볼까요?

✦ '새우'에 관한 오늘의 한 줄을 써 보세요.

남ㅅ상

남생이

　'**남ㅅ상**'은 우리나라 토종 민물 거북인 '남생이'의 옛말이에요. 남생이는 등껍질이 단단하고 무늬가 아름다워 예로부터 장수와 복을 상징했지요. 판소리 〈수궁가〉에도 등장할 만큼 우리에겐 거북이보다 훨씬 친숙하고 정겨운 이름이었답니다.

우리 조상들은 느릿하지만 끝까지 제 갈 길을 가는
남생이를 보며 인내를 배웠어요. 혹시 지금 하는 일이
힘들고 지치나요? 남생이처럼 인내심을 갖고
묵묵히 제 갈 길을 가 보세요.

✦ '남생이'에 관한 오늘의 한 줄을 써 보세요.

약

거북이

　　'약'은 '거북이'를 뜻하는 아주 생소한 옛말이에요. 흔히 '거북'이라고도 했지만, 옛 기록에는 '약'이라는 표현도 등장한답니다. 조상들은 십장생 중 하나인 거북이가 수천 년을 산다고 믿어, 건강하게 오래 살기를 바라는 마음을 담아 그림이나 장신구에 거북이를 자주 새겨 넣었어요.

우리 조상들은 거북이를 영원히 죽지 않는 십장생 중 하나로 귀하게 모셨어요. 여러분의 마음속에 영원히 죽지 않는 거북이처럼 간직하고 싶은 것은 무엇인가요?

✦ ‘거북이’에 관한 오늘의 한 줄을 써 보세요.

누에

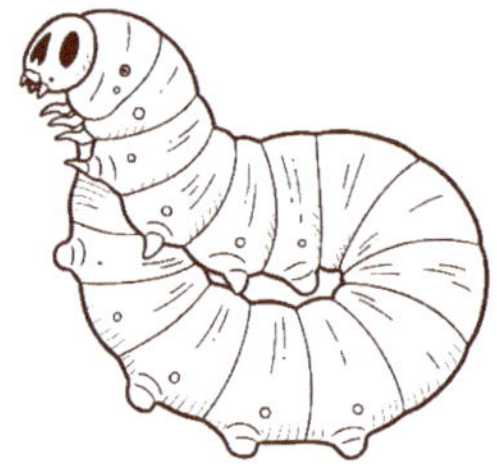

'누·에'는 15세기에도 지금과 똑같은 이름으로 불렸어요. 뽕잎을 먹고 자라 비단실을 뽑아내는 누에는 우리 조상들에게 '하늘이 내린 벌레'라 불릴 만큼 귀한 존재였지요. 누에를 치는 정성은 곧 정갈한 옷감이 되어 가족의 따뜻한 겨울을 책임졌답니다.

우리 조상들은 자신을 다 바쳐 비단실을 내어주는 누에를 고마운 존재로 여겼어요. 여러분도 화려한 비단을 만드는 작은 마술사 누에처럼 세상을 향해 멋진 비단실을 지어 보세요.

✦ '누에'를 15세기 말과 현대말로 써 볼까요?

✦ '누에'에 관한 오늘의 한 줄을 써 보세요.

고·티

고치

  '고·티'는 누에나 벌레가 집을 지은 '고치'의 옛말이에
요. 입천장소리 변화를 거쳐 '고·티>고치'가 되었답니다.
단단하게 자신을 감싸고 변화를 기다리는 고치의 모습은
인내 끝에 찾아올 아름다운 비상을 상징하기도 해요.

  우리 조상들은 단단한 고치 속에서 새 생명이
태어나는 것을 보고 희망을 가졌어요. 여러분에게도 고치처럼
새로운 시작을 꿈꾸는 소중한 기다림의 공간이 있나요?

✦ '고치'를 15세기 말과 현대말로 써 볼까요?

✦ '고치'에 관한 오늘의 한 줄을 써 보세요.

엿의갗
·옷 실 ·따
뺙 뿜 ·혀 혀
괴·여 괴·여 소·다
쏘·다 과 홰 흙 낛
갈 볻 긴 넙 난 김 몯 입 감 골 우케 콩 러울 서에 뒤
텁 노로 볼 별 파 폴 뫼 마 사비 드뵈 자 죠히 체
부헝 힘 비육 부양 무뤼 어름 아슨 너싀 톡
두리 그래 물 발측 그력 드레 깃 밀 피
키 논 톱 호미 벼로 밥 낟 이아
사슴 숫 울 누에 구리 브섭 널
서리 버들 종 고욤 쇼 삽됴 남샹
약 다야 쟈감 율믜 쥭 슈룹 슈련 엿
덜 벼 져비 닥   톡 굼벙 올챙
실 신   반되 섭급
심   잣 못
        별

식물 나라

·낟

곡식, 알곡, 낟알

'·낟'은 곡식의 낟알을 뜻하는 정겨운 옛말이에요. 오늘날에도 '낟알'이라는 말속에 그 흔적이 남아 있지요. 우리 조상들은 낟알 하나하나에 농부의 땀방울과 하늘의 복이 담겨 있다고 믿었기에, 땅에 떨어진 낟알 하나도 함부로 대하지 않았답니다.

우리 조상들은 낟알 하나에 일곱 근의 땀이
서려 있다고 생각했어요. 농부의 땀방울이 담긴 낟알처럼
여러분의 땀방울이 한 올 한 올 담겨 있는 것은 무엇인가요?

✦ '낟알'을 15세기 말과 현대말로 써 볼까요?

✦ '낟알'에 관한 오늘의 한 줄을 써 보세요.

감

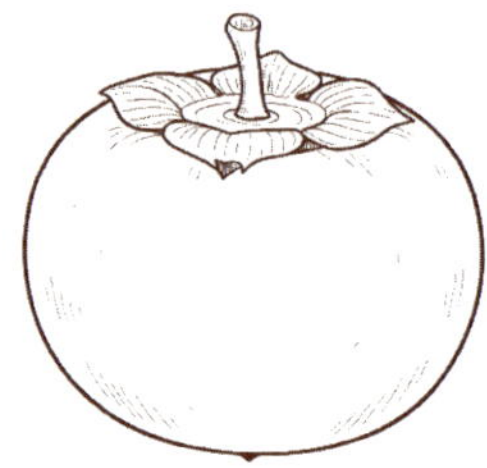

　　‘:감’은 15세기나 지금이나 변함없이 ‘감’이라고 불려 왔어요. 가을이 깊어 갈 때 주황빛으로 익어 가는 감은 우리 산천을 풍요롭게 물들이는 대표적인 열매지요. 특히 조상들은 겨울에 까치밥으로 감 몇 알을 남겨 두는 따뜻한 마음씨를 보여 주기도 했답니다.

우리 조상들은 감나무를 보며 예절과 효도를
배우기도 했어요. 올해 감이 주황빛으로 익어 갈 때쯤에
여러분은 어떤 추억을 만들고 싶은가요?

✦ '감'을 15세기 말과 현대말로 써 볼까요?

✦ '감'에 관한 오늘의 한 줄을 써 보세요.

우케

우케, 찔지 않은 벼

　'**우케**'는 정미하기 전의 벼, 즉 찔지 않은 벼를 뜻하는 옛말이에요. 햅쌀을 만들기 위해 소중히 갈무리해 둔 곡식을 의미하기도 하지요. 우케가 곳간에 가득 쌓여 있는 모습은 우리 조상들에게 세상 그 무엇보다 든든하고 배부른 풍경이었답니다.

우리 조상들은 우케를 잘 말려 맛있는 밥을
지을 날을 기다렸어요. 곳간에 가득 쌓인 우케처럼
여러분에게도 생각만 해도 배부르고 든든한 것이 있나요?

✦ '우케'에 관한 오늘의 한 줄을 써 보세요.

갈대

'· 골'은 강변에서 흔들리는 '갈대'의 옛말이에요. 아래아(하늘아)가 쓰인 아주 짧고 강렬한 이름이지요. 바람에 따라 이리저리 흔들리는 듯 보이지만, 그 뿌리는 땅속 깊이 단단히 박혀 있지요. 이런 갈대의 모습은 유연하면서도 강인한 생명력을 상징합니다.

우리 조상들은 바람에 흔들리는 갈대를 보며
삶의 지혜를 떠올리기도 했어요. 여러분은 갈대처럼
유연한 마음을 가졌나요?

✦ '갈대'를 15세기 말과 현대말로 써 볼까요?

✦ '갈대'에 관한 오늘의 한 줄을 써 보세요.

콩

콩

　'**콩**'은 15세기에도 똑같이 '콩'이라고 불렸어요. 우리나라는 콩의 원산지라 불릴 만큼 아주 오랫동안 콩을 길러 왔지요. 된장, 간장, 두부까지, 콩은 우리 조상들의 밥상을 든든하게 지켜 준 소중한 단백질 공급원이에요. '밭에서 나는 소고기'였답니다.

우리 조상들은 콩 한 쪽도 나누어 먹는
넉넉한 인심을 가졌어요. 여러분의 주변에는
콩 한 쪽도 나누고 싶은 소중한 사람이 있나요?

✦ '콩'을 15세기 말과 현대말로 써 볼까요?

✦ '콩'에 관한 오늘의 한 줄을 써 보세요.

팥

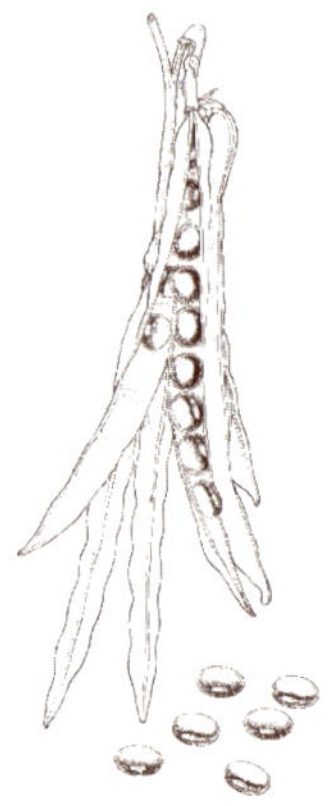

‘ㆍ포’은 ‘팥’의 옛말이에요. 아래아(하늘아)를 사용하여 발음하던 것이 지금의 ‘팥’으로 굳어졌지요. 조상들은 팥의 붉은색이 나쁜 기운을 쫓아낸다고 믿어, 동짓날 팥죽을 쑤어 먹거나 이사를 할 때 팥떡을 나누며 액운을 막고 복을 빌었답니다.

우리 조상들은 팥의 붉은빛이 가족을 지켜 준다고 믿었어요.
기분 나쁜 일이 있을 때면 액운을 막아 주는
붉은 팥이 들어간 음식을 먹으며 다시 힘을 내 보세요.

✦ '팥'을 15세기 말과 현대말로 써 볼까요?

✦ '팥'에 관한 오늘의 한 줄을 써 보세요.

마

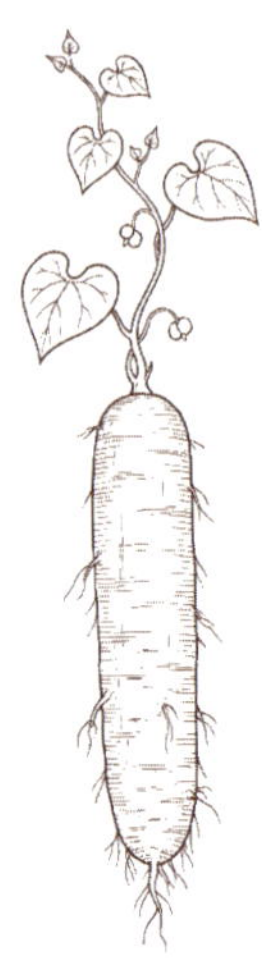

  '·마·'는 예나 지금이나 똑같이 '마'라고 불려요. 산속의 장어라 불릴 만큼 기운을 돋우는 데 으뜸인 식물이지요. 줄기는 덩굴지고, 뿌리를 캐서 먹어요. 신라 시대 〈서동요〉에도 등장할 만큼 우리 역사와 아주 오랫동안 함께해 온 정겨운 먹거리랍니다.

우리 조상들은 산에서 캔 마를 귀한 약이자 음식으로 여겼어요.
기운이 없을 때는 산속의 장어 마를 떠올려 주세요.
오늘 마를 간 음료 한 잔 어떠세요?

◆ ‘마’를 15세기 말과 현대말로 써 볼까요?

◆ ‘마’에 관한 오늘의 한 줄을 써 보세요.

고욤

  '고욤'은 고욤나무의 열매를 뜻하는 말로, 15세기 기록
에도 그대로 등장합니다. 감보다 작지만 그 맛은 훨씬 응
축되어 달콤한 고욤은 겨울철 훌륭한 주전부리였어요. 고
욤나무에 감나무를 접붙여야 좋은 감이 열리듯, 고욤은
스스로를 내어주는 고마운 바탕이 되기도 하지요.

우리 조상들은 작지만 알찬 고욤을 보며
내실 있는 삶을 떠올렸어요. 여러분도 작지만 달콤한
행복을 주는 고욤같이 알차게 살아 보세요.

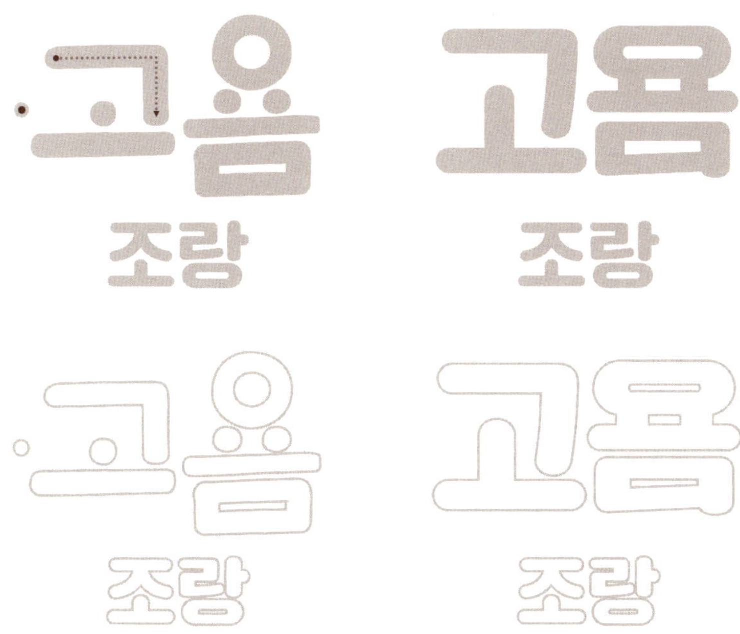

✦ ‘고욤’에 관한 오늘의 한 줄을 써 보세요.

쟈감

메밀껍질

　‘**쟈감**’은 메밀의 껍질을 뜻하는 옛말이에요. 메밀의 알은 국수를 만드는 데 쓰이고, 남은 껍질인 ‘**쟈감**’은 베갯속을 채우는 데 쓰였지요. 메밀껍질을 넣은 베개를 베면 바스락바스락 소리가 나고 머리가 시원했어요. 버릴 것 하나 없이 모든 것을 내어주는 메밀의 넉넉함을 잘 보여 주는 낱말이랍니다.

우리 조상들은 ‘**쟈감**’을 넣은 베개를 베고
시원한 여름밤을 보냈어요. 여러분의 고단한 하루를
편안하게 감싸 주는 ‘메밀 베개’ 같은 존재는 무엇인가요?

✦ ‘메밀껍질’을 15세기 말과 현대말로 써 볼까요?

✦ ‘메밀껍질’에 관한 오늘의 한 줄을 써 보세요.

율믜

율무

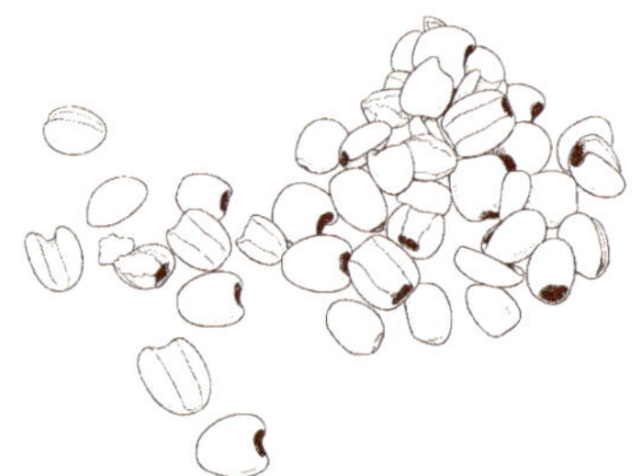

'**율믜**'는 '율무'의 옛말이에요. 모음의 변화를 거쳐 지금의 이름이 되었지요. 동글동글하고 단단한 율무는 몸의 부기를 빼 주는 귀한 약재이자 고소한 차로 사랑받아 왔어요. 우리 조상들의 건강을 책임지던 지혜로운 식물 중 하나랍니다.

우리 조상들은 율무차를 마시며 몸과 마음의 정체를
다스렸어요. 오늘 고소한 휴식을 주는
따뜻한 율무차 한 잔 어떤가요?

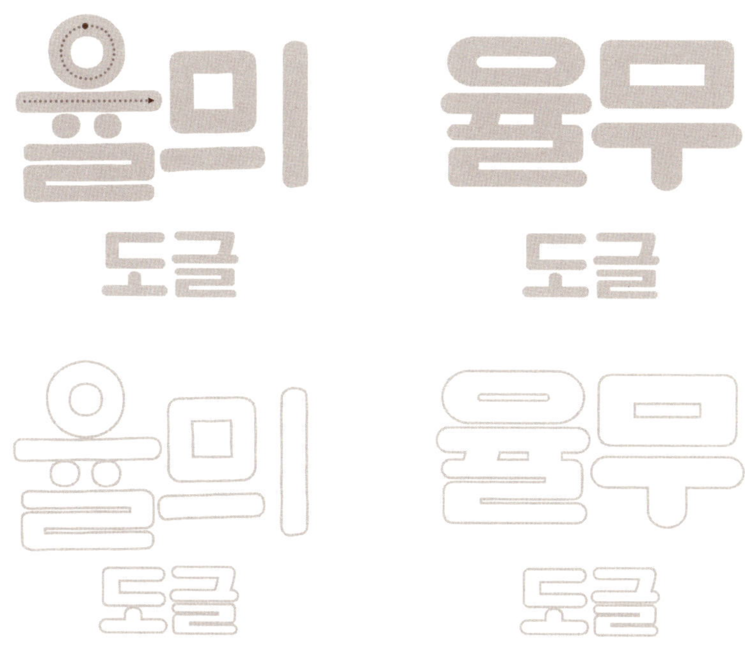

✦ '율무'에 관한 오늘의 한 줄을 써 보세요.

벼

　‘·벼’는 15세기부터 지금까지 변함없이 불려 온 이름이에요. 우리 민족의 주식으로 근간이 되는 식물이지요. ‘벼는 익을수록 고개를 숙인다’라는 말처럼, 벼는 겸손과 풍요를 동시에 가르쳐 주는 우리 논의 주인공입니다.

우리 조상들은 황금빛으로 물든 벼 벌판을 보며
한 해의 보람을 느꼈어요.
벼처럼 멋지게 익어 가는 사람이 되어 보세요.

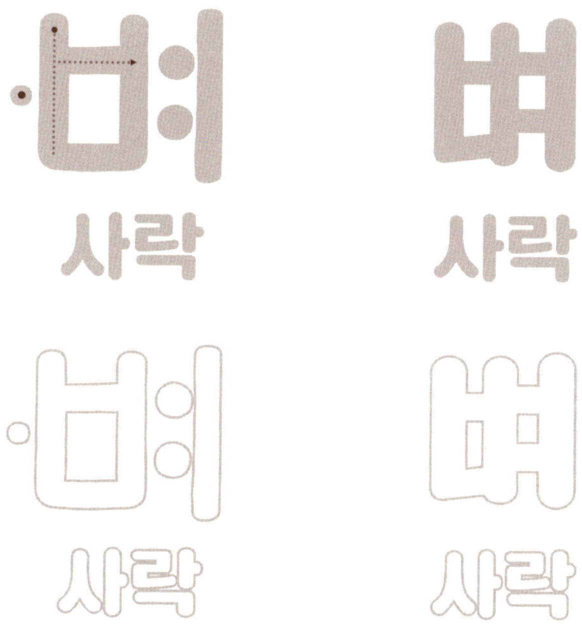

✦ '벼'에 관한 오늘의 한 줄을 써 보세요.

뒤

띠, 볏과 식물

　‘**뒤**’는 들판에서 흔히 볼 수 있는 볏과 식물인 ‘띠’의 옛 말이에요. 이 ‘**뒤**’를 엮어서 도롱이(비옷)를 만들거나 지붕을 얹기도 했지요. 비록 흔한 풀처럼 보이지만, 우리 조상들의 삶을 비바람으로부터 지켜 주던 아주 고마운 재료였답니다.

우리 조상들은 띠로 집을 짓고 옷을 만들어
자연과 더불어 살았어요. 여러분에게 소박하지만
꼭 필요한 ‘띠’ 같은 존재는 무엇인가요?

✦ '띠'를 15세기 말과 현대말로 써 볼까요?

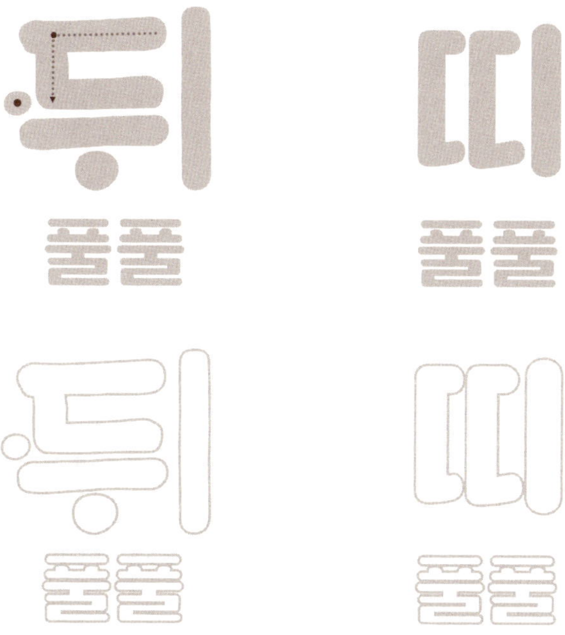

✦ '띠'에 관한 오늘의 한 줄을 써 보세요.

·피

피, 벗과 식물

   '·피'는 곡식의 하나로, 예전에는 흉년이 들었을 때 쌀 대신 먹던 소중한 구황작물이었어요. 쌀알보다 크기는 작고, 아무 데서나 잘 자라요. 생명력이 워낙 강해 어디서든 잘 자라는 '·피'는 끈기 있게 살아남는 우리 민족의 모습과도 닮아 있습니다.

우리 조상들은 거친 땅에서도 잘 자라는
피를 보며 희망을 잃지 않았어요.
여러분의 강인한 생명력은 어디서 오나요?

✦ '피'를 15세기 말과 현대말로 써 볼까요?

✦ '피'에 관한 오늘의 한 줄을 써 보세요.

파

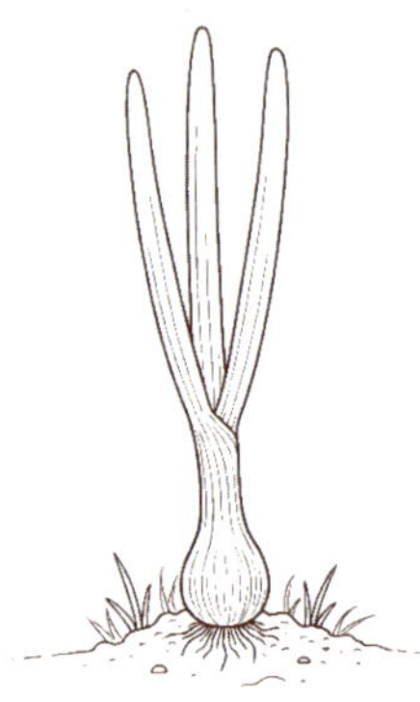

‘·파·’는 15세기나 지금이나 똑같이 ‘파’라고 불려요. 우리 음식에서 빠질 수 없는 약방의 감초 같은 존재지요. 매운맛을 내면서도 익히면 달콤해지는 파처럼, 우리 조상들의 삶도 매운 시련을 이겨 내고 달콤한 결실을 보기를 바랐답니다.

우리 조상들은 파의 하얀 뿌리부터 푸른 잎까지
버릴 것 없이 약과 음식으로 썼어요. 지금도 우리 음식에서
아주 중요하고 자주 쓰는 중요한 양념이에요.
여러분도 파 같은 사람이 되어 보세요.

✦ '파'를 15세기 말과 현대말로 써 볼까요?

✦ '파'에 관한 오늘의 한 줄을 써 보세요.

삽주

'삽됴'는 산야에서 자라는 '삽주'의 옛말이에요. 그 뿌리를 '창출'이나 '백출'이라 하여 위장을 튼튼하게 하는 귀한 약재로 썼답니다. 험한 산속에서 묵묵히 자라 사람을 살리는 약이 되는 삽주는 진정한 숨은 일꾼 같은 귀한 식물이에요.

우리 조상들은 배가 아플 때 삽주 뿌리를
달여 먹으며 기운을 차렸어요. 여러분의 지친 몸과 마음을
달래 주는 명약은 무엇인가요?

✦ '삽주'를 15세기 말과 현대말로 써 볼까요?

✦ '삽주'에 관한 오늘의 한 줄을 써 보세요.

닥

닥나무

'**닥**'은 한지의 원료가 되는 '닥나무'의 옛말이에요. 닥나무 껍질을 두드리고 씻어 만든 우리 종이는 천 년이 지나도 변하지 않는 강인함을 자랑하지요. 우리 문화를 기록하고 보존해 온 일등 공신이 바로 이 '**닥**'이랍니다.

우리 조상들은 닥나무로 종이를 만들어
소중한 지혜를 후손에게 전했어요. 여러분이 후대에 남기고 싶은
가장 소중한 것은 무엇인가요?

✦ '닥나무'를 15세기 말과 현대말로 써 볼까요?

✦ '닥나무'에 관한 오늘의 한 줄을 써 보세요.

섭

섶나무, 땔나무

‘**섶**’은 땔감으로 쓰는 작은 나뭇가지들을 뜻하는 옛말이에요. ‘와신상담(불편한 섶에 몸을 눕히고 쓸개를 맛본다)’에서의 ‘섶’이 바로 이것이지요. 추운 겨울 방 안을 따뜻하게 데워 주던 섶은 비록 불꽃 속에서 사라지지만, 그 온기는 우리 조상들의 삶을 지탱해 준 소중한 에너지였답니다.

우리 조상들은 섶나무를 태우며 추운 겨울을 이겨 냈어요.
여러분의 마음을 따뜻하게 지펴 주는
사랑의 땔감은 무엇인가요?

✦ '섶나무'에 관한 오늘의 한 줄을 써 보세요.

빗곶

배꽃

   '빗곶'은 하얗게 피어나는 '배꽃'을 뜻하는 예쁜 옛말이에요. '곶'은 '꽃'의 옛 형태이지요. 고려가요나 시조 속에 등장하는 배꽃은 맑고 깨끗한 선비의 마음이나 봄날의 아련한 정취를 상징하는 아주 서정적인 꽃이었답니다.

우리 조상들은 달밤에 하얗게 빛나는 배꽃을 보며 시를 읊었어요.
여러분은 '배꽃'을 떠올리면 무엇이 생각나나요?
배꽃처럼 빛나는 여러분이 좋아하는 봄꽃은 무엇인가요?

◆ '배꽃'을 15세기 말과 현대말로 써 볼까요?

빗곳
살랑

배꽃
살랑

빗곳
살랑

배꽃
살랑

◆ '배꽃'에 관한 오늘의 한 줄을 써 보세요.

　‘**잣**’은 ‘잣나무’의 옛말이지만 지금 잣나무의 고소한 열매인 ‘잣’으로 쓰이고 있지요. 사계절 내내 푸른 잣나무는 절개와 기상의 상징이었지요. 그 열매인 고소한 잣은 귀한 손님을 대접하는 다과상에 빠지지 않는 정성이 담긴 음식에 고명으로 많이 올렸어요.

우리 조상들은 겨울에도 푸른 잎을 달고 줄기가 곧은
잣나무를 보며 굳건한 마음을 길렀어요.
잣나무처럼 비바람에도 흔들리지 않는 든든한
믿음을 가져 보세요.

✦ '잣나무'를 15세기 말과 현대말로 써 볼까요?

✦ '잣나무'에 관한 오늘의 한 줄을 써 보세요.

· 그래

가래나무

　'·그래'는 호두와 비슷하게 생긴 열매가 열리는 '가래나무'의 옛말이에요. 가래나무는 목재가 단단하고 무늬가 고와서 귀한 가구를 만드는 데 쓰였지요. 열매를 약으로 쓰거나 장난감처럼 손에 쥐고 굴리며 건강을 챙기기도 했던 친숙한 나무였답니다.

우리 조상들은 가래나무로 튼튼한 가구를 만들어
대를 이어 사용했어요. 여러분에게 오래도록 곁에 두고 싶은
소중한 물건은 무엇인가요?

✦ '가래나무'를 15세기 말과 현대말로 써 볼까요?

✦ '가래나무'에 관한 오늘의 한 줄을 써 보세요.

버들

버들, 버드나무

'**버들**'은 봄이면 강변에서 휘늘어지는 '버드나무'를 뜻해요. 15세기에도 그대로 '**버들**'이라 불렀지요. 물가에 서서 머리를 감듯 가지를 내린 버들은 이별의 아쉬움을 달래거나 고향의 정취를 떠올리게 하는 아주 다정하고 부드러운 나무입니다.

우리 조상들은 떠나는 사람에게 버들가지를
꺾어 주며 다시 만나기를 기약했어요.
여러분에게도 다시 만나기를 기약한 사람이 있나요?

✦ '버들'을 15세기 말과 현대말로 써 볼까요?

✦ '버들'에 관한 오늘의 한 줄을 써 보세요.

싣
단풍, 신나무

‘싣’은 오늘날의 ‘단풍나무’나 ‘신나무’를 뜻하는 아주 생소한 옛말이에요. 가을이면 산을 붉게 물들이는 그 화려한 색깔을 조상들은 ‘싣’이라는 짧은 이름 속에 담았나 봅니다. 차갑게 식어 가는 계절을 뜨겁게 달구는 단풍은 자연이 주는 가장 화려한 작별 인사지요.

우리 조상들은 붉게 물든 단풍을 보며 계절의 변화와
인생의 깊이를 느꼈어요. 여러분은 가을,
붉게 물든 단풍을 보며 무엇을 떠올리나요?

✦ '단풍'을 15세기 말과 현대말로 써 볼까요?

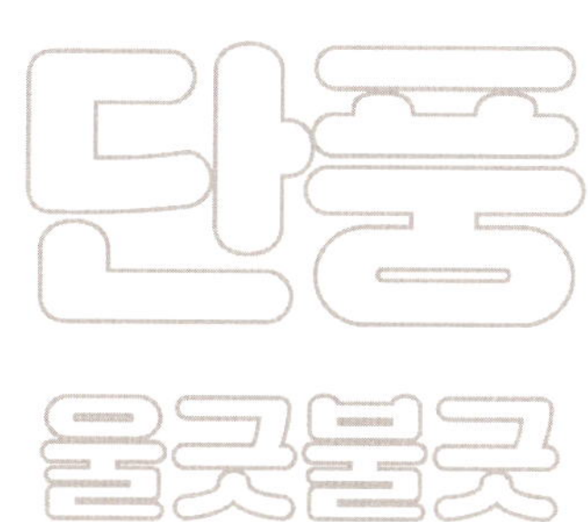

✦ '단풍'에 관한 오늘의 한 줄을 써 보세요.

엿의곶

·옷 실 ·싸

빡 ·쁨 ·혀 ᅘᅧ

괴·여 괴·여 소·다

쓰·다 과 ·화 홍 ·낫

·갈 붇 긴 녑 ·낟 ·김 몯 ·입 ·감 ·골 우케 콩 러울 서·에 뒤

·텁 노로 볼 ·별 ·파 풀 ·뫼 ·마 사·비 드뵈 ·자 죠히 체

녑 ·부헝 ·힘 ·비육 ·부양 ·무뤼 어름 아슥 ·너시 ·톡

두리 ·고래 ·믈 발·측 그력 드레 ·깃 ·밀 ·피

·키 ·논 ·톱 호·미 벼로 ·밥 ·낟 이·아

사·슴 ·숫 ·울 늘·에 구·리 브섭 ·널

서·리 버들 죵 ·고욤 쇼 삽됴 남샹

·약 다·야 쟈감 율·믜 ·죡 슈룹 쥬련 ·엿

딜 ·벼 ·져비 닥　　　　독 ·굼벙 ·올창

·ᄡᆞᆯ 실 ·신　　　　·반되 섭 굽

·심　　　　잣 ·못

·별

자연 나라

·ㅅㄷ·

땅

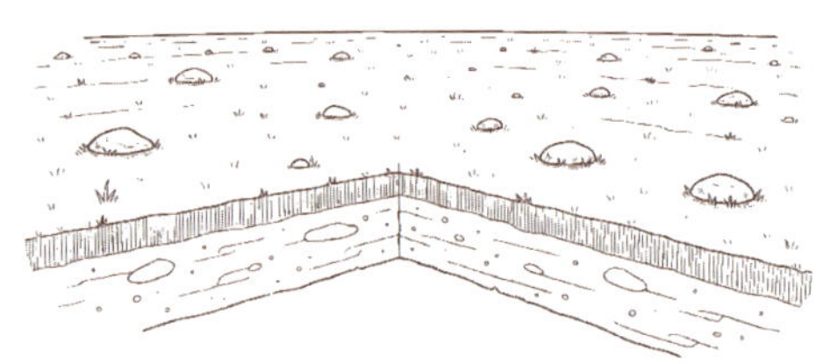

'·ㅅㄷ·'는 우리가 딛고 서 있는 '땅'의 옛말이에요. 15세기에는 'ㄷ' 앞에 'ㅅ'이 붙은 독특한 모양새였지요. 서로 다른 자음을 나란히 쓰는 이 글자를 '합용병서'라고 한답니다. 우리 조상들에게 땅은 만물을 길러 내는 어머니와 같은 존재였어요. 하늘이 비와 빛을 내려 준다면, 땅은 그 모든 것을 품어 생명을 피워 내는 든든한 터전이었답니다.

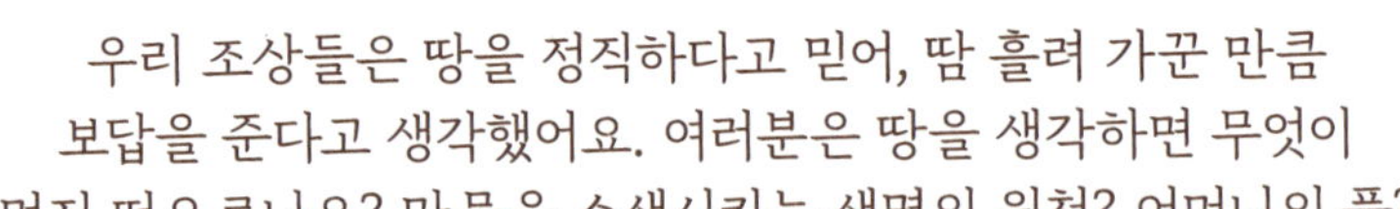

우리 조상들은 땅을 정직하다고 믿어, 땀 흘려 가꾼 만큼 보답을 준다고 생각했어요. 여러분은 땅을 생각하면 무엇이 먼저 떠오르나요? 만물을 소생시키는 생명의 원천? 어머니의 품?

✦ '땅'을 15세기 말과 현대말로 써 볼까요?

✦ '땅'에 관한 오늘의 한 줄을 써 보세요.

'**:뫼**'는 '산'을 뜻하는 아름다운 순우리말이에요. 지금은 '산(山)'이라는 한자어가 더 익숙하지만, 옛날에는 우리 산천을 모두 **:뫼**라고 불렀지요. 높고 푸른 **:뫼**는 조상들에게 신령스러운 기운이 깃든 곳이자, 언제든 찾아가 몸과 마음을 기댈 수 있는 넉넉한 품이었답니다.

우리 조상들은 높은 **:뫼**에 올라 호연지기를 기르며
넓은 세상을 바라보았어요. 여러분의 마음속에는
어떤 높고 푸른 **:뫼**가 자리 잡고 있나요?

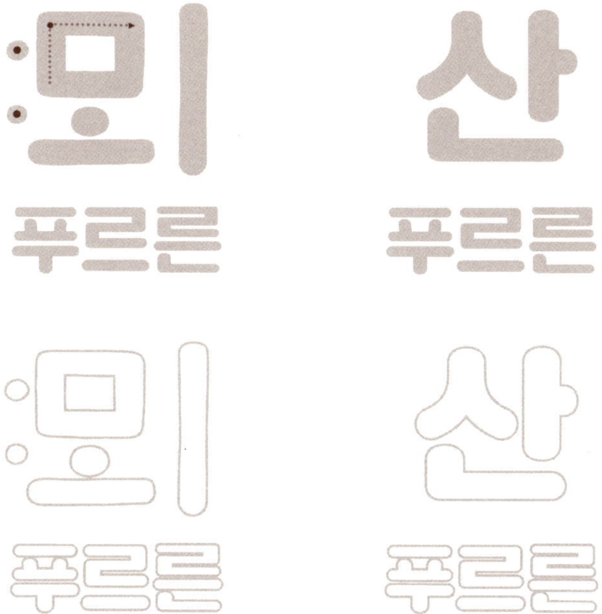

✦ '산'에 관한 오늘의 한 줄을 써 보세요.

섬

　'ː셤'은 바다나 호수 위에 떠 있는 '섬'의 옛말이에요. 20세기에 이르러 'ㅕ'가 'ㅓ'로 바뀌었답니다. 파도 너머 홀로 떠 있는 섬은 옛사람들에게 미지의 세계이자, 한편으로는 고립된 평화로움을 상징하는 신비로운 장소였어요.

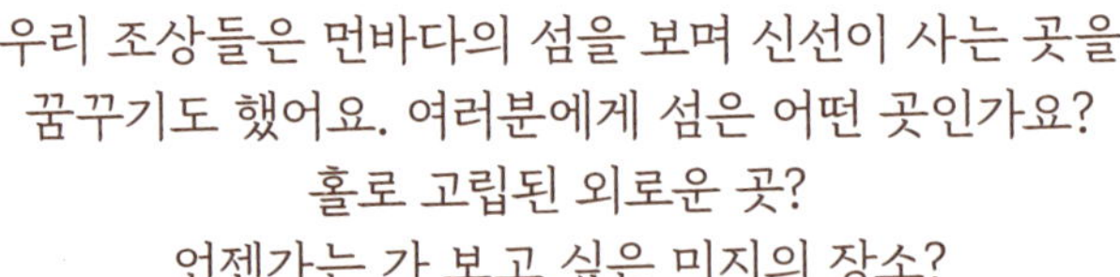

우리 조상들은 먼바다의 섬을 보며 신선이 사는 곳을
꿈꾸기도 했어요. 여러분에게 섬은 어떤 곳인가요?
홀로 고립된 외로운 곳?
언젠가는 가 보고 싶은 미지의 장소?

✦ '섬'을 15세기 말과 현대말로 써 볼까요?

✦ '섬'에 관한 오늘의 한 줄을 써 보세요.

‘·믈’은 생명의 근원인 ‘물’의 옛말이에요. 15세기에는 입술소리 뒤에 ‘ㅡ’를 썼는데, 나중에 입술 모양을 따라 ‘ㅜ’로 변해서 지금의 ‘물’이 되었지요. 흐르는 물처럼 막힘없이 살기를 바랐던 조상들은 물을 보며 겸손과 지혜를 배웠답니다.

우리 조상들은 물이 위에서 아래로 흐르는 것을 보며 순리에 따르는 삶을 생각했어요. 여러분은 ‘흐르는 물처럼 순리대로 살라’는 조상들의 지혜를 어떻게 생각하나요?

✦ '물'을 15세기 말과 현대말로 써 볼까요?

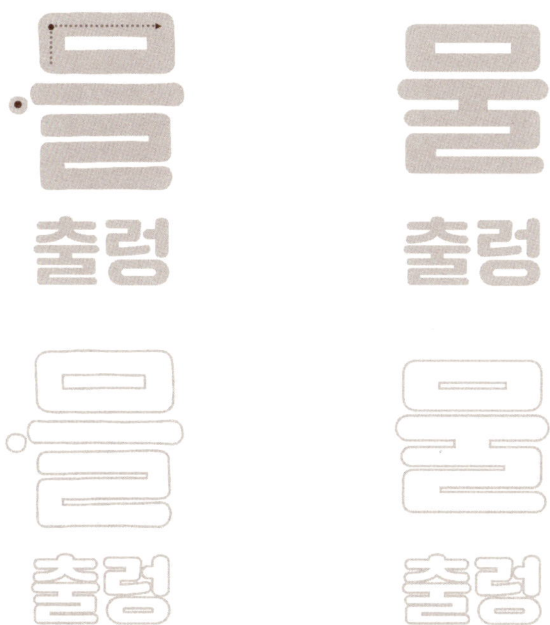

✦ '물'에 관한 오늘의 한 줄을 써 보세요.

흙

'훍'은 모든 생명이 뿌리내리는 '흙'의 옛말이에요. 아래 아(하늘아)가 쓰여 지금보다 더 깊고 묵직한 말소리였을 거 예요. 흙에서 태어나 흙으로 돌아간다는 말처럼, 조상들 은 흙을 생명의 시작이자 끝으로 여기며 늘 소중하고 겸허 하게 대했답니다.

우리 조상들은 맨발로 흙을 밟으며 대지의 기운을
직접 느꼈어요. 최근에 흙을 밟아 본 적이 있나요?
여러분이 떠올리는 흙의 기운, 흙 냄새는 어떤 것인가요?

✦ ‘흙’을 15세기 말과 현대말로 써 볼까요?

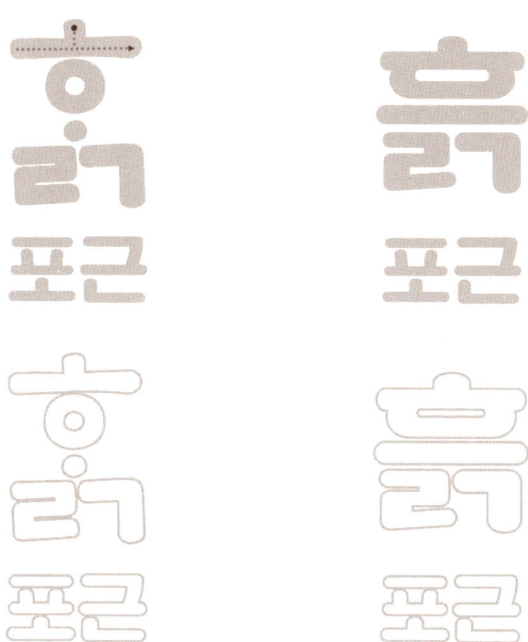

✦ ‘흙’에 관한 오늘의 한 줄을 써 보세요.

돌

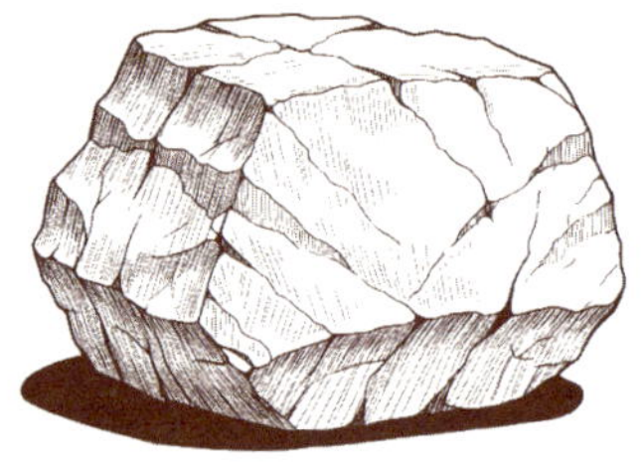

　'돌'은 단단한 '돌'의 옛말이에요. 밤하늘의 '달'과 소리는
비슷했지만 뜻은 전혀 달랐지요. 비바람에도 변하지 않고
그 자리를 지키는 돌은 조상들에게 변치 않는 믿음과 굳은
의지의 상징이었어요. 조상들은 작은 돌멩이 하나에도 정성
을 담아 탑을 쌓으며 복을 빌기도 했답니다.

　우리 조상들은 길가에 돌을 쌓으며 가족의 안녕과
건강을 기도했어요. 여러분의 마음속에 절대로 흔들리지 않는
단단한 '돌' 같은 신념은 무엇인가요?

✦ ‘돌’을 15세기 말과 현대말로 써 볼까요?

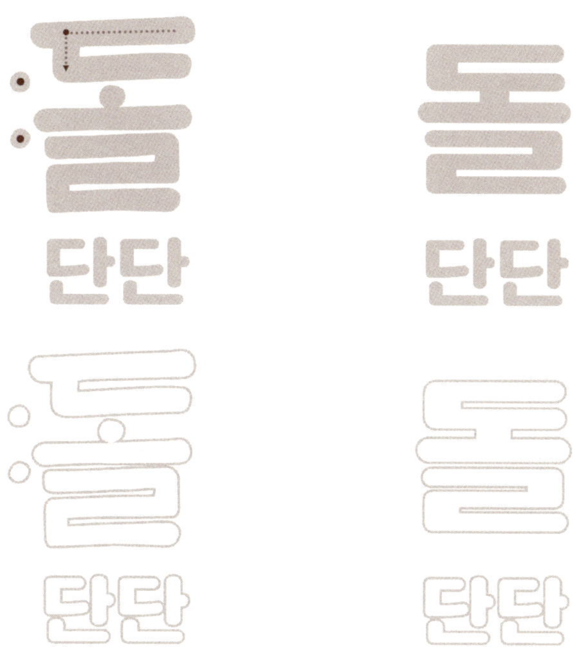

✦ ‘돌’에 관한 오늘의 한 줄을 써 보세요.

못, 연못

　'**못**'은 예나 지금이나 똑같이 '못'이라고 불려요. 산그림자가 담기고 연꽃이 피어나는 연못은 조상들에게 마음을 닦는 거울과 같았지요. 잔잔한 연못 물을 바라보며 소란스러웠던 마음을 가라앉히고 자연과 하나가 되는 여유를 즐겼답니다.

우리 조상들은 맑은 연못에서 마음의 때를 씻어 낸다고
생각했어요. 여러분의 복잡한 머릿속을 맑게 비워 주는
나만의 '연못'은 어디인가요?

✦ '못, 연못'을 15세기 말과 현대말로 써 볼까요?

✦ '못'에 관한 오늘의 한 줄을 써 보세요.

샘

'샘'은 땅속에서 맑은 물이 솟아나는 '샘'의 옛말이에요. 깊은 산속 바위틈에서 솟는 샘물은 목마른 이에게는 생명수였고, 마을 어귀의 샘터는 이웃 간의 정이 오가는 소통의 장이었지요. 끊임없이 솟아나는 샘처럼 기쁨도 늘 샘솟기를 바랐답니다.

우리 조상들은 마르지 않는 샘물을 보며 끝없는 지혜와 복을 떠올렸어요. 여러분의 일상을 매일 새롭게 채워 주는 기쁨의 샘은 무엇인가요?

✦ '샘'을 15세기 말과 현대말로 써 볼까요?

✦ '샘'에 관한 오늘의 한 줄을 써 보세요.

달

‘·돌’은 밤하늘을 비추는 ‘달’의 옛말이에요. 15세기에는 아래아(하늘아)를 사용해 ‘·돌’이라고 썼지요. 어두운 밤길을 환하게 밝혀 주는 달은 조상들에게 그리운 사람을 떠올리게 하는 매개체이자, 간절한 소원을 들어주는 인자한 얼굴이었답니다.

우리 조상들은 보름달을 보며 풍요와 화합을 빌고
강강술래를 했어요. 오늘 밤 여러분이 달님에게
꼭 빌고 싶은 소중한 소원은 무엇인가요?

✦ '달'에 관한 오늘의 한 줄을 써 보세요.

별

‘:별’은 15세기에도 지금과 똑같은 이름으로 불렸어요. 까만 밤하늘에 총총히 박힌 별들은 조상들에게 길을 알려 주는 나침반이자, 수많은 이야기가 담긴 상상력의 보고였 지요. 조상들은 별 하나하나에 이름을 붙이며 우주의 신 비를 가까이 느꼈답니다.

우리 조상들은 별자리를 보며 계절의 변화와 하늘의 뜻을
읽었어요. 수많은 별 중에서 여러분의 마음을
가장 밝게 비춰 주는 별은 어떤 별인가요?

✦ '별'을 15세기 말과 현대말로 써 볼까요?

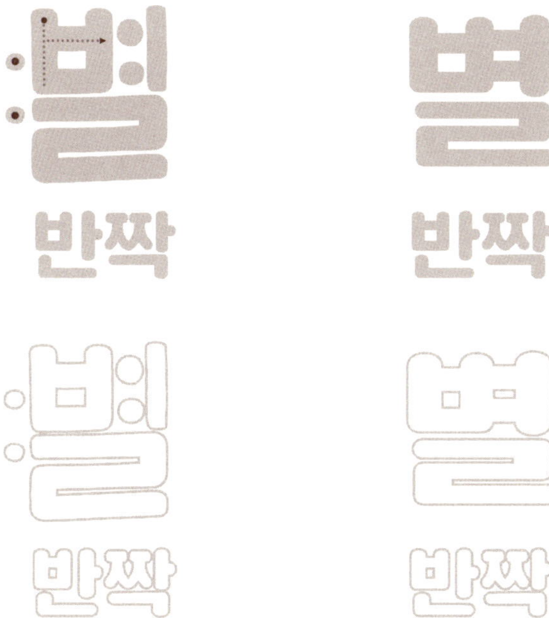

✦ '별'에 관한 오늘의 한 줄을 써 보세요.

우박

　‘무뤼’는 하늘에서 얼음 알갱이가 떨어지는 한자어 ‘우박’의 옛말이에요. 갑자기 쏟아지는 우박은 농작물에 해를 끼치기도 해서 예나 지금이나 긴장의 대상이기도 하지요. 그 하얀 알갱이가 땅에 부딪히는 소리는 자연이 보내는 강렬한 경고처럼 들리기도 했답니다.

우리 조상들은 갑작스러운 우박을 보며
하늘의 엄중함을 느꼈어요. 혹시 우리의 인생에서 **무뤼**와 같은
일이 찾아온다면 어떻게 하면 좋을까요?

✦ '우박'에 관한 오늘의 한 줄을 써 보세요.

서·리

서리

‘서·리’는 15세기나 지금이나 변함없는 이름이에요. 찬 공기에 수증기가 얼어붙어 새벽에 하얗게 내리는 서리는 본격적인 추위가 시작됨을 알리는 신호였지요. 풀잎마다 맺힌 하얀 서리꽃은 차갑지만 눈부시게 아름다운 겨울의 서막이었답니다.

우리 조상들은 서리가 내리면 겨울 채비를 서두르며 마음을 가다듬었어요. 혹시 내 마음에 서리가 자주 내리지는 않나요? 내 마음의 서리를 차갑지만 눈부시게 아름다운 서리꽃으로 만드는 건 어떨까요?

✦ ‘서리’에 관한 오늘의 한 줄을 써 보세요.

성엣장, 유빙

'서에'는 강물에 떠다니는 얼음덩어리인 '성엣장'의 옛
말이에요. 강이 얼어붙기 시작할 때나 녹을 때 물결을 따
라 흘러가는 서에는 겨울 강가의 독특한 풍경이었지요.
서로 부딪히며 소리를 내는 서에를 보며 조상들은 계절
의 흐름을 실감했답니다.

우리 조상들은 강물을 따라 흘러가는 성엣장을 보며
지나가는 세월을 느끼기도 했어요. 여러분의 마음속에
흘러가는 겨울의 조각들은 어떤 모양인가요?

✦ '성엣장'을 15세기 말과 현대말로 써 볼까요?

✦ '성엣장'에 관한 오늘의 한 줄을 써 보세요.

어·름

얼음

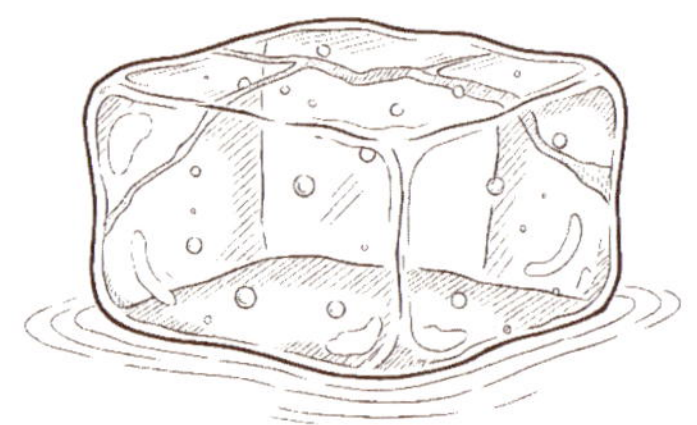

 '**어·름**'은 '얼음'의 옛말이에요. 15세기에는 소리 나는 대로 **어·름**이라고 적었지요. 꽁꽁 얼어붙은 얼음 위에서 썰매를 타고 팽이를 돌리던 겨울날의 추억은 예나 지금이나 정겹습니다. 얼음은 차갑고 단단하지만 봄이 오면 기어이 녹아 흐르는 물은 인내와 변화를 동시에 보여 주지요.

 우리 조상들은 한겨울에 얼음을 보관했다가 한여름에
귀한 손님에게 대접하기도 했어요. 지금 여러분의 마음은
차가운 겨울의 얼음인가요? 아니면 녹고 있는 봄의 얼음인가요?

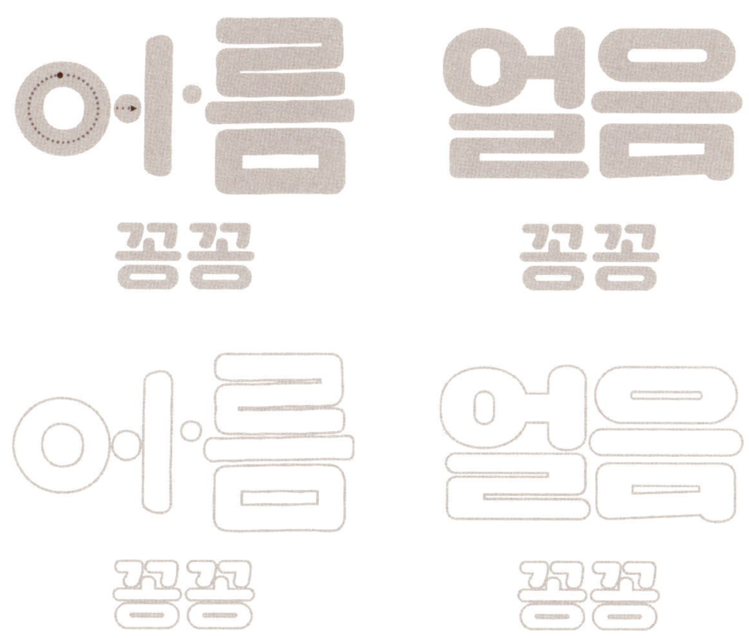

✦ '얼음'에 관한 오늘의 한 줄을 써 보세요.

닭때

닭 때, 유시

　‘닭때’는 닭이 둥지에 드는 시간, 즉 지금의 오후 5시에서 7시 사이인 ‘유시(酉時)’를 뜻하는 옛말이에요. 해가 뉘엿뉘엿 지고 하루의 일을 마무리하며 집으로 돌아가는 포근한 시간이지요. 어둠이 내리기 전, 가족들이 하나둘 모여드는 정겨운 저녁 풍경이 담긴 말이에요.

우리 조상들은 닭 때가 되면 도구들을 정리하고
따뜻한 집으로 발걸음을 옮겼어요. 하루를 마친 여러분에게
이 저녁 시간은 어떤 안식과 평화를 선물해 주나요?

✦ '닭 때'에 관한 오늘의 한 줄을 써 보세요.

엿의꽃

·옷 실 ·ㅼㅏ

짝 뿜 혀 혀ㅕ

괴·여 괴·여 소·다

쏘·다 ·과 ·화 훅 낛

갈 붇 긷 녑 ·낟 :깁 몯 ·입 ·감 골 우·케 콩 러·울 서·에 뒤

텹 노·로 볼 ·별 ·파 ·풀 ·뫼 ·마 사·빙 드·뵈 ·자 죠·히 체

·부헝 ·힘 ·비욱 ·부암 ·무뤼 어·름 아·ㅅ ·너ㅅㅣ ·톡

드리 ·고래 ·믈 ·발·측 그·력 드·레 ·깃 ·밀 ·피

·키 ·논 ·톱 호·믜 벼·로 ·밥 ·낟 이·아

사·ㅁ 숫 ·울 늦·에 구·리 브·섭 ·널

셔·리 버·들 죵 ·고욤 ·쇼 삽됴 남샹

약 다·야 쟈감 율·믜 쥭 슈·룹 쥬·련 ·엿

·녈 ·벼 ·져비 닥　　　　　독 ·굼벙 ·올창

·실 ·신　　　　　　　　　·반되섭굼

·심　　　　　　　　　　　잣 ·못

　　　　　　　　　　　　　·별

사람 나라

아ᅀᅳ

아우, 동생

'아ᅀᅳ'는 나보다 나이가 적은 형제나 자매를 뜻하는 '아우'의 옛말이에요. 가운데 쓰인 반치음(ㅿ)이 시간이 지나면서 사라지고 모음이 합쳐져 지금의 '아우'가 되었답니다. 예로부터 우리 조상들은 '형만 한 아우 없다'라고 하면서, 형이 부모처럼 아우를 아끼고 사랑하는 것을 집안의 큰 도리로 여겼어요.

우리 조상들은 형제 사이의 우애를 세상 그 무엇보다 귀하게 여겼어요. 혹시 형이나 아우와 소원하게 지내고 있지는 않나요? 오늘 하루 형이나 아우를 생각해 보면 어떨까요?

✦ '아우'에 관한 오늘의 한 줄을 써 보세요.

종, 노비

　'죵'은 집안일을 돕던 '종'의 옛말이에요. 15세기에는 'ㅈ' 소리를 살려 **죵**이라고 불렀지요. 비록 신분은 달랐지만, 어진 주인들은 종을 가족처럼 아끼며 함께 농사짓고 살아갔답니다. 묵묵히 집안의 궂은일을 도맡아 하던 **죵**은 옛 삶의 터전을 일구던 또 다른 손길이었어요.

　우리 조상들은 이름 없는 곳에서 묵묵히 일하는 사람들의 수고를 잊지 않았어요. 보이지 않는 곳에서 여러분의 일상을 든든하게 받쳐 주는 고마운 분들은 누구인가요?

✦ '종'을 15세기 말과 현대말로 써 볼까요?

✦ '종'에 관한 오늘의 한 줄을 써 보세요.

:사룜

사람

　　'**:사룜**'은 오늘날 우리가 부르는 '사람'의 옛말이에요. 두 번째 글자에 아래아(하늘아)가 쓰인 모양이지요. 조상들은 사람이 하늘과 땅 사이에서 가장 귀한 존재라고 믿었어요. '사람 나고 돈 났지, 돈 나고 사람 났냐'라는 말처럼, 그 어떤 가치보다 사람 그 자체를 귀하게 여기는 마음이 담겨 있습니다.

우리 조상들은 '사람이 곧 하늘'이라는 마음으로
서로를 대접했어요. 여러분이 생각하는
'사람답게 산다는 것'은 어떤 모습인가요?

✦ '사람'을 15세기 말과 현대말로 써 볼까요?

✦ '사람'에 관한 오늘의 한 줄을 써 보세요.

·힘

힘줄, 근육

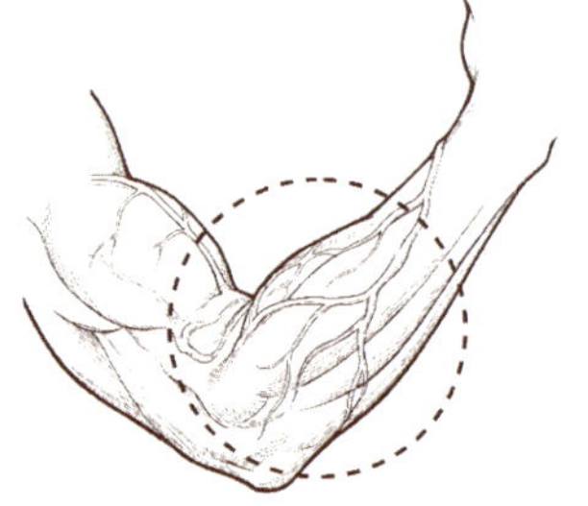

'·힘'은 15세기에 지금의 '힘줄'을 뜻하는 말이었어요. 근육과 뼈를 이어 주는 단단한 줄기를 ·힘이라 불렀고, 여기서 우리가 아는 '기운'이라는 뜻의 '힘'도 나왔답니다. 우리 몸을 지탱하고 움직이게 하는 근원적인 에너지가 바로 이 단단한 ·힘 속에 들어 있지요.

우리 조상들은 정직하게 땀 흘려 일하는 사람의
불거진 힘줄을 아름답게 여겼어요. 오늘 하루 여러분을
움직이게 한 가장 큰 에너지는 무엇이었나요?

✦ '힘줄'을 15세기 말과 현대말로 써 볼까요?

✦ '힘줄'에 관한 오늘의 한 줄을 써 보세요.

턱

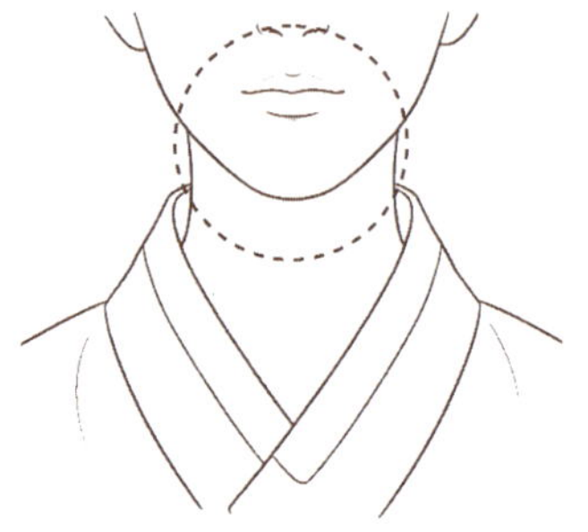

‘**·톡**’은 얼굴의 아래 부위인 ‘턱’의 옛말이에요. 아래아
(하늘아)가 쓰여 지금보다 조금 더 깊은 소리가 났을 거예요.
‘턱없다’나 ‘턱하니’라는 표현처럼, 턱은 우리 얼굴의 중심
을 잡아 주고 표정을 풍부하게 만들어 주는 아주 중요한
부분이지요.

우리 조상들은 턱을 괴고 깊은 생각에 잠긴 선비의 모습을
지혜롭다고 보았어요. 여러분은 오늘 어떤
기분 좋은 생각을 하며 턱을 괴고 있었나요?

✦ '턱'을 15세기 말과 현대말로 써 볼까요?

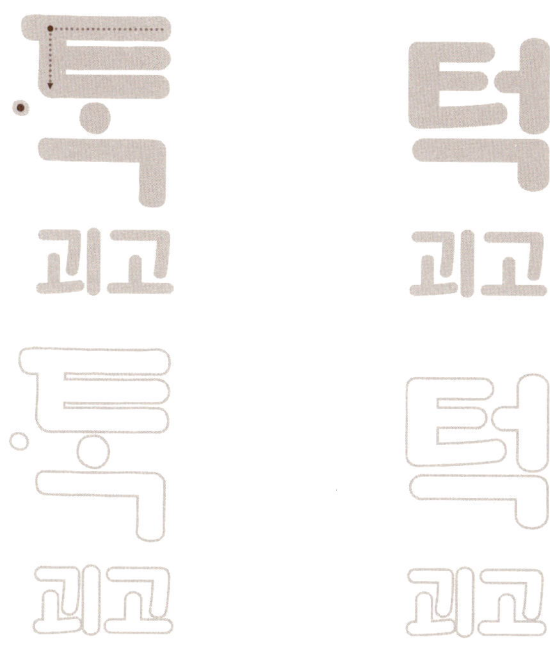

✦ '턱'에 관한 오늘의 한 줄을 써 보세요.

‘·입’은 15세기나 지금이나 변함없이 ‘입’이라고 불려요. 음식을 먹고 말을 전하는 입은 복이 들어오는 문이라 하여 ‘구문(口門)’이라 부르기도 했지요. 고운 말을 내뱉고 맛있는 음식을 나누는 입은 사람과 사람 사이를 이어 주는 가장 따뜻한 통로랍니다.

우리 조상들은 입에서 나가는 말 한마디가
천 냥 빚을 갚는다고 믿었어요. 오늘 여러분의 입으로
전하고 싶은 가장 따뜻한 한마디는 무엇인가요?

✦ '입'을 15세기 말과 현대말로 써 볼까요?

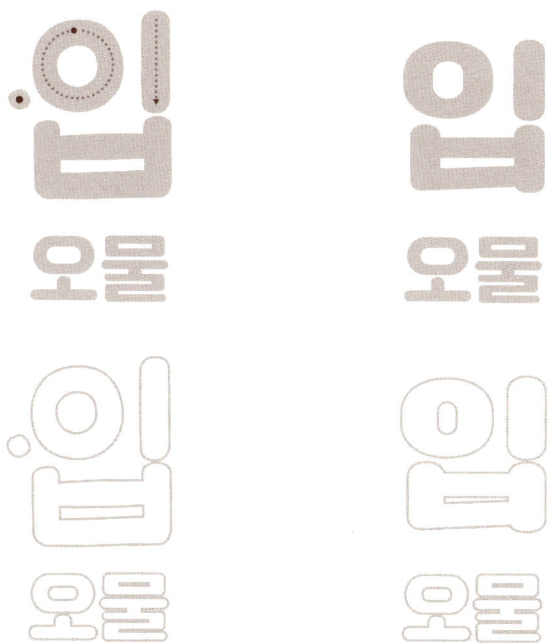

✦ '입'에 관한 오늘의 한 줄을 써 보세요.

손

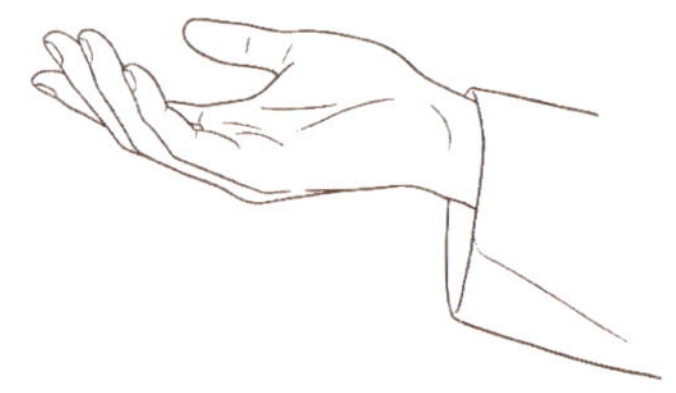

　‘**손**’ 역시 예나 지금이나 똑같은 이름으로 불리고 있어요. 도구를 만들고, 땅을 일구고, 사랑하는 이를 어루만지는 손은 인간의 위대한 능력을 상징하지요. 거친 손마디에는 살아온 세월의 훈장이 담겨 있고, 맞잡은 손에는 서로에 대한 믿음이 담겨 있습니다.

우리 조상들은 부지런한 손을 ‘보배’라고 불렀어요.
여러분의 소중한 두 손으로 오늘 꼭 이루고 싶은
일은 무엇인가요?

✦ '손'을 15세기 말과 현대말로 써 볼까요?

✦ '손'에 관한 오늘의 한 줄을 써 보세요.

볼

팔

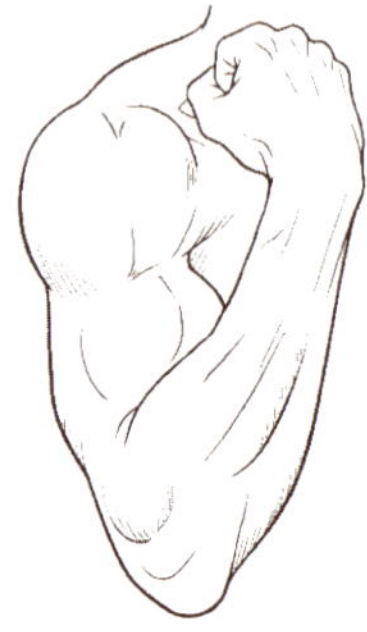

'**볼**'은 우리 몸의 어깨와 손목 사이인 '팔'의 옛말이에요. 'ㅂ' 소리가 거세져서 지금은 '팔'이 되었지요. 누군가를 꽉 껴안아 주는 넓은 팔은 위로의 상징이었고, 무거운 짐을 번쩍 들어 올리는 팔은 든든한 힘의 상징이었답니다.

우리 조상들은 팔을 걷어붙이고 일하는 모습에서
삶의 활력을 찾았어요. 오늘 여러분에게는
팔 걷어붙이고 하고 싶은 일이 있나요?

✦ '팔'을 15세기 말과 현대말로 써 볼까요?

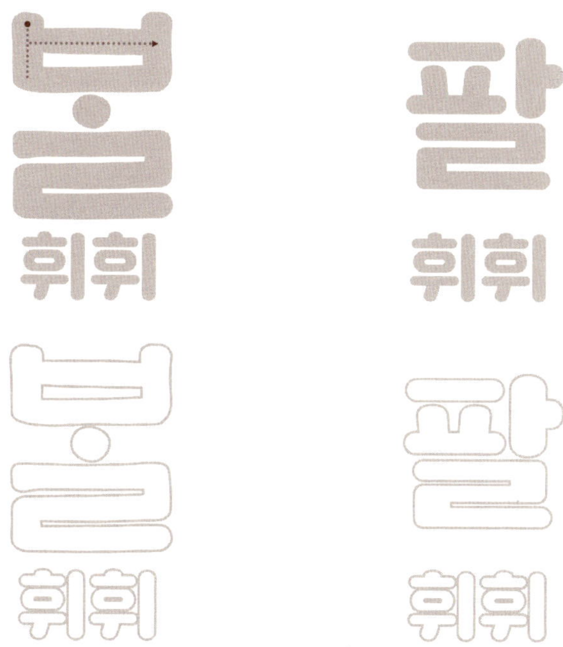

✦ '팔'에 관한 오늘의 한 줄을 써 보세요.

혀

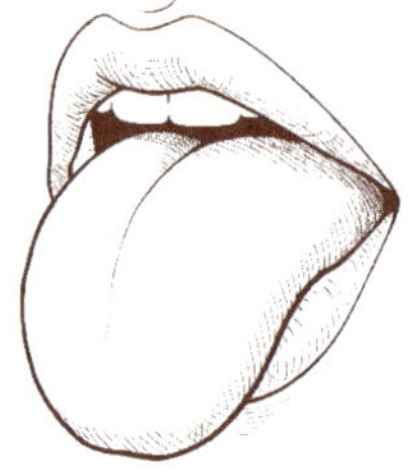

  '혀'는 15세기에도 그대로 '혀'였어요. 맛을 느끼고 정교한 말소리를 만들어 내는 혀는 우리 몸의 작은 부분이지만 그 역할은 아주 크지요. '혀 아래 도끼 들었다'라는 속담처럼, 조상들은 혀를 다스리는 것이 곧 마음을 다스리는 것이라 생각했답니다.

우리 조상들은 맛있는 음식을 먹을 때나
고운 소리를 낼 때 혀의 고마움을 느꼈어요. 오늘 여러분의
혀는 어떤 역할을 하고 있나요?

✦ '혀'를 15세기 말과 현대말로 써 볼까요?

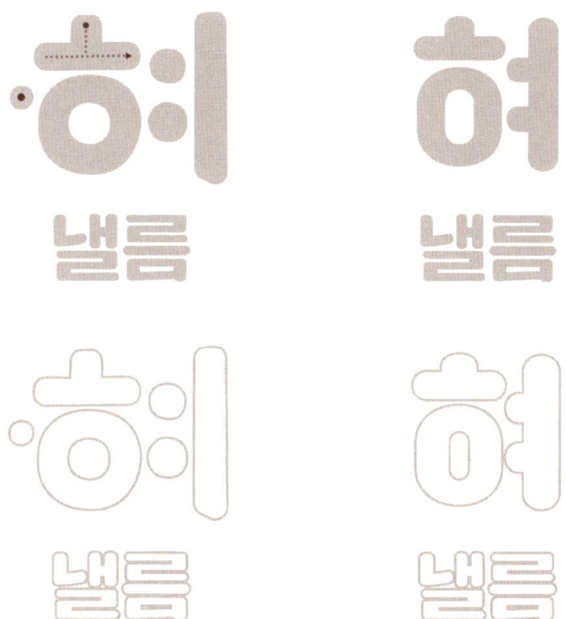

✦ '혀'에 관한 오늘의 한 줄을 써 보세요.

옆구리

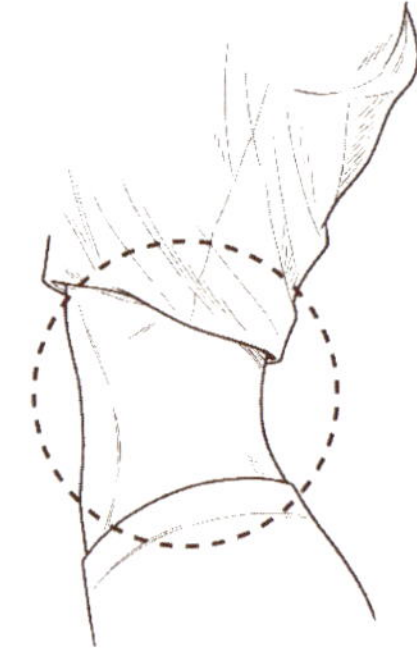

　‘녑’은 가슴과 등 사이의 부위인 ‘옆구리’의 옛말이에요. 녑에 다른 말이 붙어 지금의 ‘옆구리’가 되었지요. 누군가 곁에 나란히 서 있을 때 느껴지는 온기, 혹은 간지럼을 태울 때 터져 나오는 웃음이 머무는 곳. 녑은 우리 몸에서 참 다정하고 예민한 곳이랍니다.

우리 조상들은 옆구리가 시린 겨울이면
서로의 온기를 나누며 추위를 이겨냈어요. 여러분의 옆구리를
든든하고 따뜻하게 채워 주는 소중한 사람은 누구인가요?

✦ '옆구리'를 15세기 말과 현대말로 써 볼까요?

✦ '옆구리'에 관한 오늘의 한 줄을 써 보세요.

·발·측

발뒤축, 발꿈치

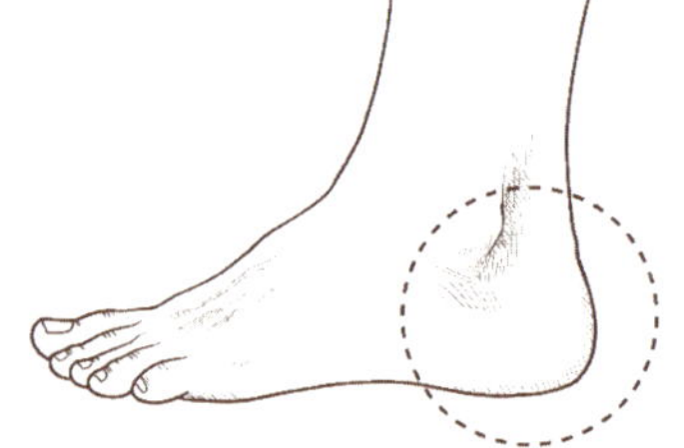

‘·발·측’은 발의 뒷부분인 ‘발뒤축’을 뜻하는 옛말이에요. 발의 끝부분이라는 의미가 담겨 있지요. 험한 산길을 걷고 먼 길을 여행할 때, 묵묵히 몸의 무게를 견디며 땅을 박차고 나가는 **·발·측**은 우리 삶의 여정을 묵묵히 뒷받침해 주는 고마운 부분입니다.

우리 조상들은 먼 길을 떠나기 전 짚신을 고쳐 신으며
발뒤축을 다잡았어요. 여러분의 발뒤축은
오늘 어느 멋진 곳을 향해 걸어가고 있나요?

✦ '발뒤축, 발꿈치'를 15세기 말과 현대말로 써 볼까요?

✦ '발뒤축'에 관한 오늘의 한 줄을 써 보세요.

굽, 발굽, 발톱

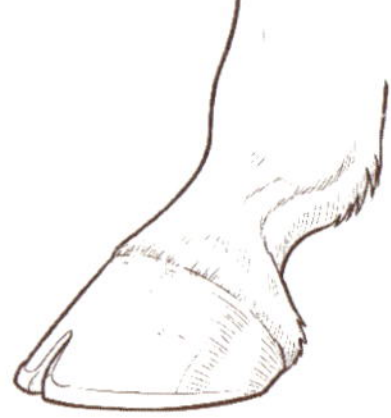

  '굽'은 말이나 소 같은 짐승의 발끝에 있는 단단한 부분을 뜻하는 옛말이에요. 사람의 경우에는 발톱을 이르는 말로도 쓰였지요. 험한 자갈길이나 진흙탕도 거침없이 나아갈 수 있게 해 주는 굽은 거친 세상을 헤쳐 나가는 강인한 생명력의 상징이었답니다.

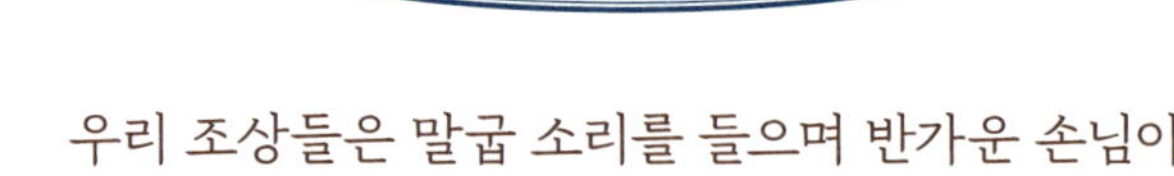

  우리 조상들은 말굽 소리를 들으며 반가운 손님이 오기를 기다리기도 했어요. 여러분에게 힘차게 달려오는 '말굽 소리'처럼 설레는 소식은 무엇인가요?

✦ '발굽'을 15세기 말과 현대말로 써 볼까요?

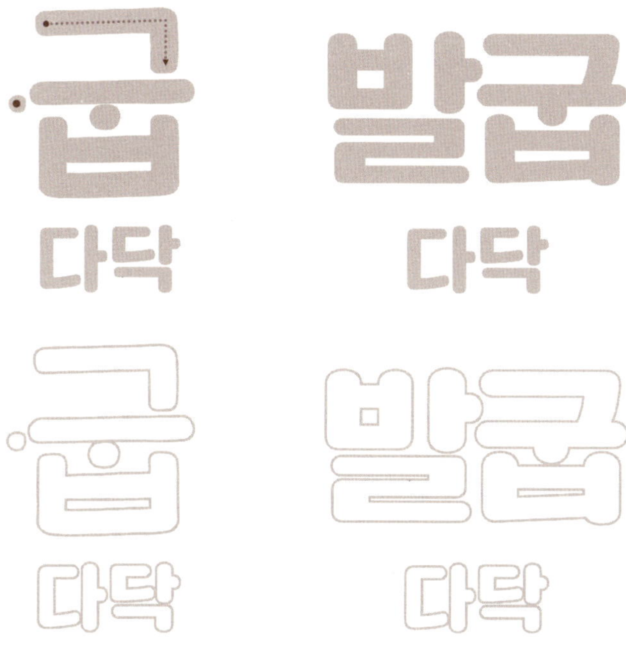
다닥
발굽
다닥
다닥
발굽
다닥

✦ '발굽'에 관한 오늘의 한 줄을 써 보세요.

엿의꽃

옷 실 싸

짝 뿜 혀 혀

괴·여 괴·여 소·다

쏘·다 ·과 ·홰 홁 낫

갈 불 긷 넙 낟 ·김 몯 ·입 감 골 우케 콩 러올 서에 뒤

텁 노로 볼 ·별 ·파 ·풀 ·의 ·마 사·빙 드뵈 ·자 죠·히 체

·부헝 ·힘 ·비욱 ·부암 ·무뤼 어름 아슈 ·너시 ·톡

두리 ·ㄱ래 ·믈 ·발촉 그럭 드레 ·갓 ·밀 ·피

·키 ·논 ·톱 호·미 ·벼로 ·밥 ·낟 이·아

사·슴 숫 ·울 ·늣에 구·리 ·브섭 ·널

서·리 ·버들 종 ·고욤 ·쇼 삽됴 남샹

·약 ·다야 쟈감 율믜 쥭 슈룹 쥬련 ·엿

겨 ·벼 ·져비 ·닥   ·독 ·굼벙 ·올창

·신 ·신   ·반되 섭 굽

셤   ·잣 ·못

                              ·별

행위 나라

괴·여
사랑하여, 괴어

　　'**괴·여**'는 누군가를 지극히 '사랑하여'라는 뜻을 가진 옛말이에요. 15세기에는 '사랑하다'라는 말 대신 '괴다'라는 예쁜 낱말을 썼답니다. 내가 먼저 마음을 내어 상대를 아끼고 소중히 여기는 그 따뜻한 시작이 바로 **괴·여** 속에 듬뿍 담겨 있어요.

우리 조상들은 마음이 기우는 것을 '괴다'라고 표현했어요.
여러분의 마음이 자꾸만 기우는, 세상에서 가장 큰
사랑을 주고 싶은 소중한 사람은 누구인가요?

✦ '사랑하여'를 15세기 말과 현대말로 써 볼까요?

괴·여
콩닥콩닥

사랑하여
콩닥콩닥

✦ '사랑하여'에 관한 오늘의 한 줄을 써 보세요.

괴·여

사랑받아, 괴여

'**괴·여**'는 내가 남에게 '사랑을 받아'라는 뜻이에요. '괴다'에 피동의 의미가 더해진 독특한 형태이지요. 누군가 나를 아껴 주는 마음을 온몸으로 느끼는 행복한 상태를 말해요. 사랑을 주는 것도 귀하지만, 누군가의 귀한 사랑을 받는 것 또한 커다란 행복이랍니다.

우리 조상들은 남에게 사랑받는 것을 큰 덕으로 여겼어요.
최근 여러분의 마음을 따뜻하게 채워 준,
사랑받은 기억은 무엇인가요?

✦ '사랑받아'에 관한 오늘의 한 줄을 써 보세요.

쏟아

   '**쇼·다**'는 그릇을 뒤집어 '쏟아' 내는 행위를 뜻하는 옛 말이에요. 나중에 'ㅅ' 소리가 거세져서 지금의 '쏟아'가 되었지요. 물을 쏟듯 마음을 다 쏟아붓거나, 정성을 쏟는다는 표현처럼 무언가를 아낌없이 내어주는 역동적인 모습이 담겨 있습니다.

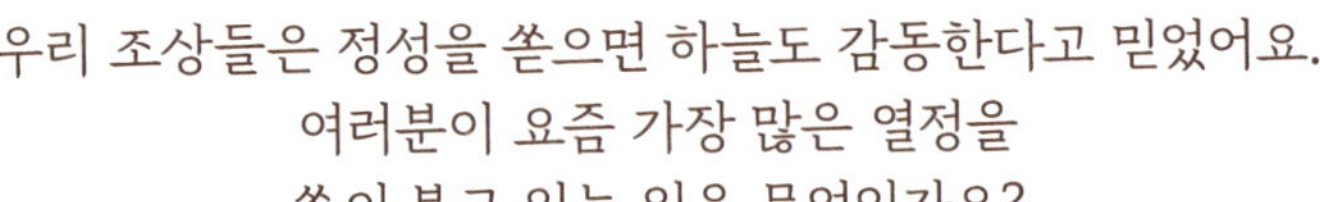

우리 조상들은 정성을 쏟으면 하늘도 감동한다고 믿었어요.
여러분이 요즘 가장 많은 열정을
쏟아붓고 있는 일은 무엇인가요?

◆ '쏟아'에 관한 오늘의 한 줄을 써 보세요.

쏘다

　　'쏘·다'는 활을 쏘거나 총을 쏘는 것처럼 무언가를 멀리 날려 보내는 행위예요. 15세기에도 지금과 같은 '쏘다'라는 형태로 쓰였지요. 목표를 향해 화살을 쏘듯, 흔들림 없이 한곳을 향해 나아가는 단호함과 집중력이 느껴지는 낱말이랍니다.

우리 조상들은 활을 쏘며 몸과 마음의 흐트러짐을
바로잡았어요. 여러분이 올해가 가기 전
꼭 맞히고 싶은 마음속의 과녁은 어디인가요?

✦ '쏘다'에 관한 오늘의 한 줄을 써 보세요.

뽜짝

짝, 외짝

'뽜짝'은 둘이 모여 하나를 이루는 것 중 '한쪽'을 뜻하는 옛말이에요. 15세기에는 'ㅈ' 앞에 'ㅂ'이 붙은 복잡한 모양이었지요. 신발 한 짝, 장갑 한 짝처럼 혼자서는 조금 외롭지만, 반드시 제 짝을 만나야 온전해지는 기다림의 의미가 담겨 있기도 합니다.

우리 조상들은 '짚신도 짝이 있다'며 누구나
소중한 인연이 있다고 믿었어요. 여러분 곁에서
부족한 부분을 채워 주는 든든한 짝은 누구인가요?

✦ '짝, 외짝'을 15세기 말과 현대말로 써 볼까요?

✦ '외짝'에 관한 오늘의 한 줄을 써 보세요.

틈

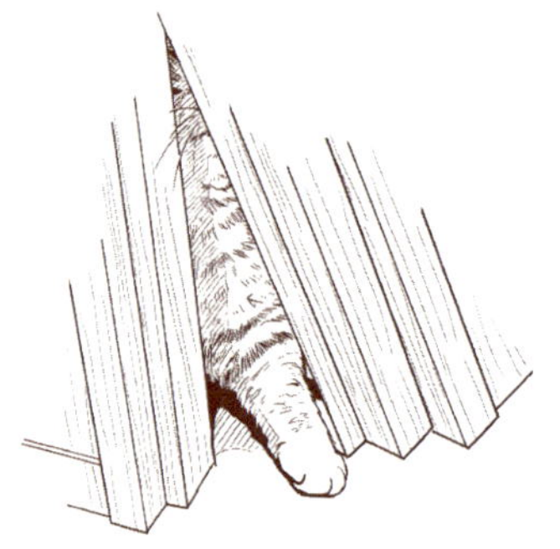

　‘뽐’은 물건과 물건 사이의 ‘틈’이나 시간적인 여유를 뜻하는 옛말이에요. 자음을 나란히 쓴 ‘ㅶ’이 나중에 ‘ㅌ’ 소리로 변해 지금의 ‘틈’이 되었지요. 꽉 막힌 곳에 숨통을 틔워 주는 뽐처럼, 우리 삶에도 가끔은 멍하니 하늘을 볼 수 있는 작은 뽐이 꼭 필요하답니다.

우리 조상들은 바쁜 농사철에도 잠시 틈을 내어
이웃과 막걸리 한 잔을 나누었어요. 오늘 하루 여러분의
일상 속에 기분 좋은 틈이 있었나요?

✦ '틈'을 15세기 말과 현대말로 써 볼까요?

✦ '틈'에 관한 오늘의 한 줄을 써 보세요.

당겨, 켜

'ㅎㅎㅕ'는 줄을 '당기거나' 악기를 '켜는' 동작을 뜻하는 옛 말이에요. 가야금을 켜거나 불을 켜는 것처럼 무언가를 이끌어 내고 피워 올리는 힘찬 동작이지요. 팽팽하게 줄을 켜서 소리를 만들듯, 우리 삶의 긴장과 이완을 조절하는 지혜가 담긴 낱말입니다.

우리 조상들은 거문고 줄을 켜며
마음의 어지러움을 달랬어요.
여러분은 마음이 어지러울 때 어떻게 마음을 달래나요?

✦ '당겨, 켜'를 15세기 말과 현대말로 써 볼까요?

✦ '당겨'에 관한 오늘의 한 줄을 써 보세요.

깃

둥지, 보금자리

　'깃'은 새가 사는 '둥지'나 사람이 사는 '보금자리'를 뜻하는 옛말이에요. '깃을 치다'라는 말처럼 편안하게 쉴 수 있는 터전을 의미하지요. 거친 세상에서 돌아와 지친 몸을 뉘고 사랑하는 이들과 함께 머무는 가장 따뜻하고 안전한 장소를 말한답니다.

우리 조상들은 새가 깃을 찾아들듯 사람도 포근하게
쉴 곳이 있어야 한다고 생각했어요. 하루의 끝에서 여러분을
따뜻하게 안아 주는 나의 둥지는 어디인가요?

✦ '둥지, 보금자리'를 15세기 말과 현대말로 써 볼까요?

✦ '둥지'에 관한 오늘의 한 줄을 써 보세요.

엿의갗

옷 실 ᄴᅡ

짝 뻘 혀 혀

괴여 괴여 소다

쏘다 과 화 흙 낫

갈 붇 걷 녑 낟 깁 몯 입 감 골 우케 콩 러울 서에 뒤

텁 노로 볼 벌 파 폴 뫼 마 사빙 드뵈 자 죠히 체

섬 부헝 힘 비육 부얌 무뤼 어름 아ᅀᅮ 너싀 톡

두리 그래 믈 발측 그력 드레 깃 밀 피

키 논 톱 호미 벼로 밥 낟 이아

사솜 숫 울 누에 구리 브섭 널

서리 버들 죵 고욤 쇼 삽됴 남샹

약 다야 쟈감 율믜 쥭 슈룹 쥬련 엿

덜 벼 져비 닥   독 굼벙 올창

날 실 신   반되 섭굼

심   잣 못

별

농사 나라

논

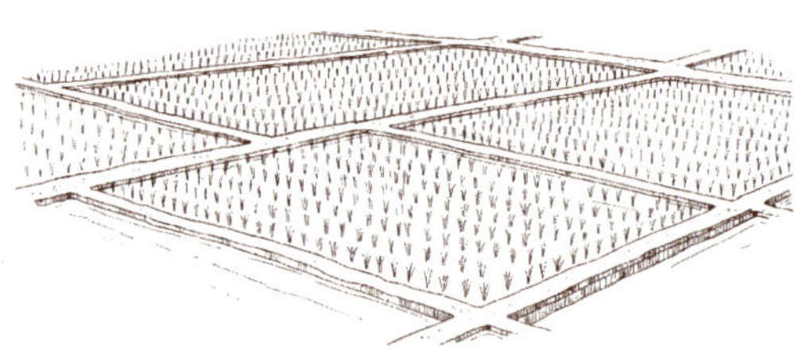

    '**논**'은 15세기부터 지금까지 변함없이 '논'이라고 불려 왔어요. 물을 가두어 벼를 기르는 논은 우리 민족에게 단순한 땅 그 이상의 의미였지요. 볍씨를 뿌리고 잡초를 뽑고 황금처럼 익은 벼를 수확하며 사계절의 변화를 고스란히 경험하는 논은 조상들의 땀과 정성이 황금빛 결실로 변하는 가장 신성하고도 고마운 일터였답니다.

우리 조상들은 자식 입에 밥 들어가는 것과 자기 논에
물 들어가는 것을 세상에서 가장 보기 좋은 풍경으로 여겼어요.
여러분의 마음을 가장 흐뭇하게 채워 주는 건 무엇인가요?

✦ '논'을 15세기 말과 현대말로 써 볼까요?

✦ '논'에 관한 오늘의 한 줄을 써 보세요.

호미

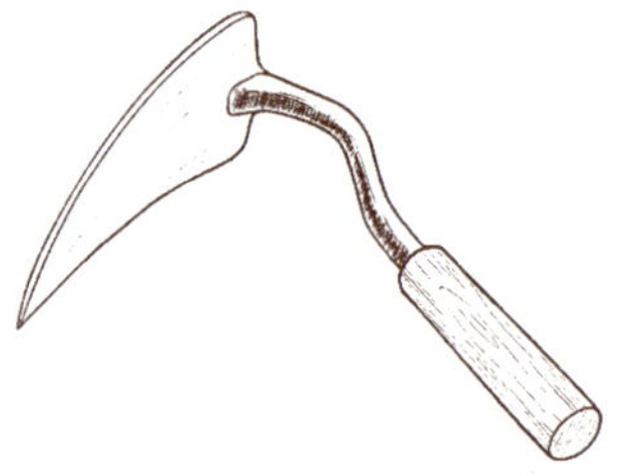

　‘**호·미**’는 밭을 매거나 김을 맬 때 쓰는 ‘호미’의 옛말이에요. 아래아(·하늘아)와 ‘ㅣ’가 결합한 모음이 시간이 흐르며 ‘ㅣ’로 변해 지금의 이름이 되었지요. 손목의 각도에 딱 맞게 굽은 **호·미**는 우리 조상들의 지혜가 담긴 최고의 농기구였어요. 작지만 날카로운 이 도구 하나로 거친 땅을 일구고 잡초를 골라내며 생명을 키워 냈답니다.

　우리 조상들은 호미 한 자루로 온 가족의 먹거리를 일구어 냈어요. 여러분에게도 세상이라는 거친 땅을 일구고 먹거리를 만들어 주는 호미 같은 연장이 있나요?

✦ '호미'를 15세기 말과 현대말로 써 볼까요?

✦ '호미'에 관한 오늘의 한 줄을 써 보세요.

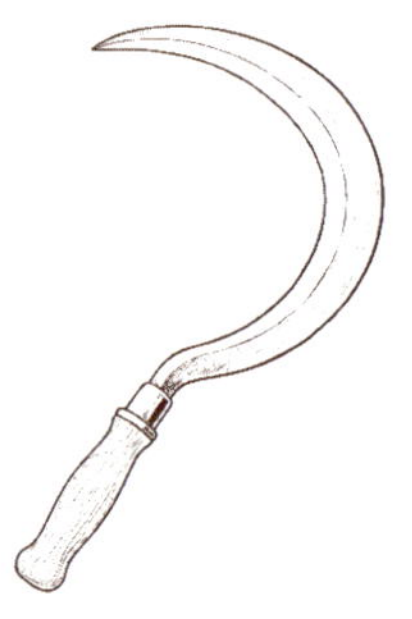

‘낫’은 잘 익은 곡식을 거두거나 풀을 벨 때 쓰는 가장 친숙한 농기구예요. 놀랍게도 580여 년 전 《훈민정음》 해례본에도 지금과 똑같은 ‘낟’이라는 이름으로 실려 있답니다. 예나 지금이나 우리 땅에서 땀 흘려 일하는 농부의 손을 든든하게 지켜온 소중한 도구이지요. 날카로운 날로 잡풀을 베어내고 알곡을 거두는 ‘낫’은, 정직한 노력 끝에 찾아오는 달콤한 수확의 기쁨을 상징한답니다.

여러분도 낫으로 알곡을 거두듯,
그동안 정성을 다해 노력해 온 일에서 값진 열매를
잘 고르고 정성껏 수확해 보는 건 어떨까요?

✦ '낫'에 관한 오늘의 한 줄을 써 보세요.

키

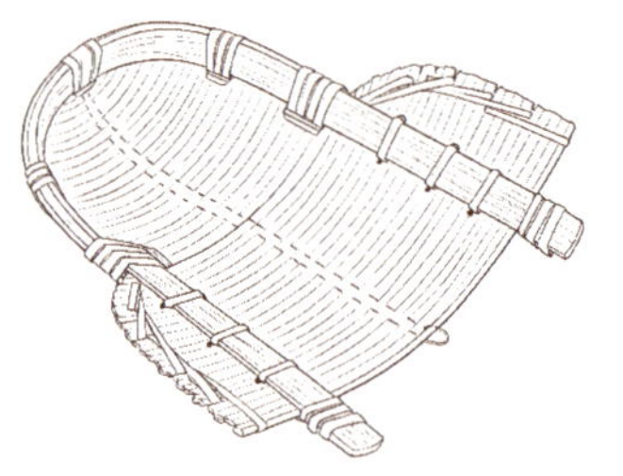

  '키'는 15세기나 지금이나 똑같이 '키'라고 불려요. 곡식 따위를 까불러 쭉정이나 티끌을 골라내는 도구이지요. 고리버들이나 대를 납작하게 쪼개어 앞은 넓고 평평하게, 뒤는 좁고 우긋하게 엮어 만든답니다. 옛날에는 가을걷이가 끝나면 여기에 곡물을 담아 가벼운 쭉정이 등을 걸러 내기 위해 키질을 하곤 했지요.

키는 공기놀이하듯 크게 쳐올려서 낱알 사이에
섞여 있는 티끌을 날려 보낼 때 사용했지요.
여러분의 삶 속에서 걸러 내고 싶은 것은 무엇인가요?

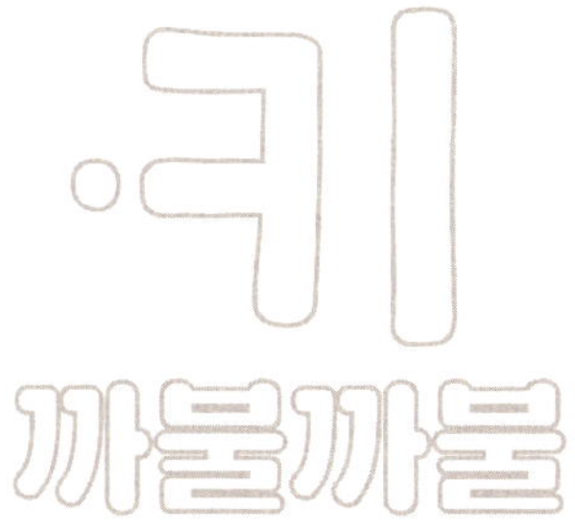

✦ '키'에 관한 오늘의 한 줄을 써 보세요.

밥

‘**밥**’은 15세기나 지금이나 똑같이 ‘밥’이라고 불려요. 우리 민족에게 밥은 곧 생명이고 사랑이었지요. 모르는 사람에게도 "밥 먹었니?"라고 인사를 건네는 따뜻한 정서는 예나 지금이나 변함이 없답니다. 솥 안에서 모락모락 김이 나는 밥 한 그릇은 고단한 하루를 위로해 주는 가장 큰 선물이었어요.

우리 조상들은 ‘밥이 보약’이라는 믿음으로 매 끼니를 소중히 여겼어요. 오늘 여러분의 몸과 마음을 든든하게 채워 준 가장 맛있는 밥상은 누구와 함께였나요?

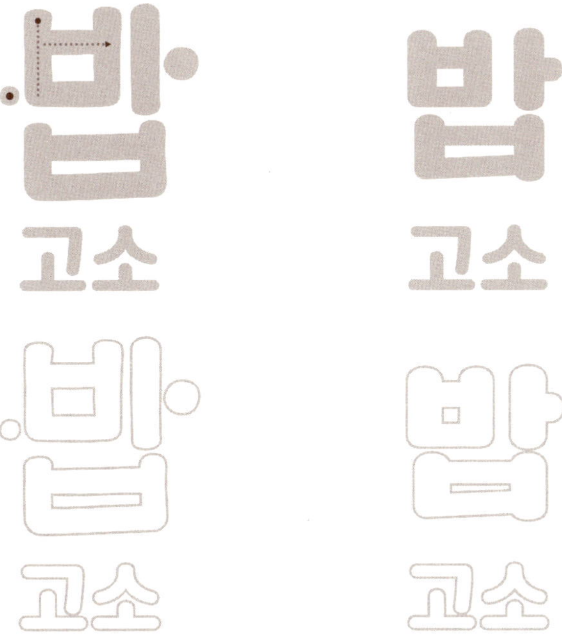

✦ '밥'에 관한 오늘의 한 줄을 써 보세요.

엿

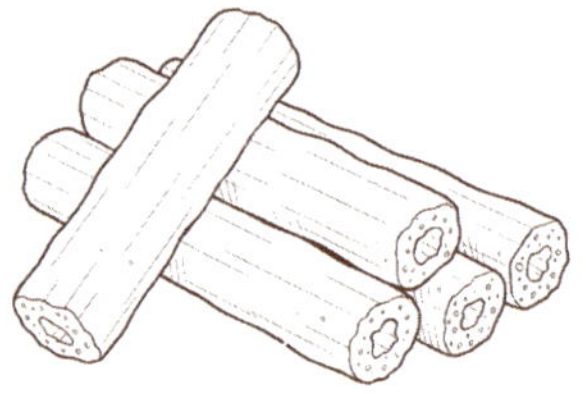

　‘·엿’은 15세기 문헌에도 그대로 등장하는 아주 오래된 간식이에요. 곡식을 삭히고 졸여서 만든 달콤한 엿은 조상들에게 귀한 주전부리이자 공부하는 선비들의 기운을 북돋아 주는 영양식이었지요. 가락엿을 부러뜨려 구멍이 큰 사람이 이기는 엿치기 놀이는 아이들에게 큰 즐거움이었답니다.

우리 조상들은 끈끈한 엿처럼 복이 착 붙기를 바라는 마음을 담아 선물을 하기도 했어요. 여러분의 일상에 기분 좋게 달라붙었으면 하는 행운은 무엇인가요?

◆ '엿'을 15세기 말과 현대말로 써 볼까요?

◆ '엿'에 관한 오늘의 한 줄을 써 보세요.

엿의꽃

·옷 ·실 ·짜

·짝 ·뽐 ·혀 ·혀

·긔·여 ·긔·여 ·소·다

·쏘·다 ·과 ·홰 ·홍 ·낫

·갈 ·볼 ·긴 ·넙 ·난 ·김 ·몰 ·입 ·감 ·골 ·우·케 ·콩 ·러·울 ·서·에 ·뒤

·텁 ·노·로 ·볼 ·별 ·파 ·풀 ·외 ·마 ·사·뷔 ·드·뵈 ·차 ·죠·히 ·체

·텸 ·부헝 ·힘 ·비·육 ·부암 ·무·튀 ·어·름 ·아·슈 ·너·싀 ·톡

·두·리 ·ㄱ·래 ·믈 ·발·츅 ·그·력 ·드·레 ·깃 ·밀 ·피

·키 ·논 ·톱 ·호·믜 ·벼·로 ·밥 ·낟 ·이·아

·사·솝 ·숫 ·울 ·느·에 ·구·리 ·브·섭 ·널

·셔·리 ·버·들 ·죵 ·고·옴 ·쇼 ·삽·됴 ·남·샹

·약 ·다·야 ·쟈·감 ·율·믜 ·쥭 ·슈·룹 ·쥬·련 ·엿

·뎔 ·벼 ·져·비 ·닥   ·독 ·굼·벙 ·올·챵

·ㄹ ·실 ·신   ·반·되 ·섭·굽

·심   ·잣 ·못

                      ·별

생활 나라

종이

‘죠ᄒᆡ’는 지혜의 기록을 담는 ‘종이’의 옛말이에요. 시간이 흐르며 ‘죠ᄒᆡ<조이<종이’로 소리가 바뀌어 지금에 이르렀지요. 닥나무를 정성껏 두드려 만든 죠ᄒᆡ는 천 년을 견디는 강인함을 가졌어요. 조상들은 이 귀한 죠ᄒᆡ 위에 마음을 담은 글을 쓰고 그림을 그리며 소중한 문화를 이어 왔답니다.

우리 조상들은 종이 한 장도 아껴 쓰며 지식을 귀하게 여겼어요.
여러분이 오늘 종이 위에 적어 내려가고 싶은
가장 소중한 이름이나 꿈은 무엇인가요?

✦ '종이'를 15세기 말과 현대말로 써 볼까요?

죠ᅙᅵ
스윽
죠ᅙᅵ
스윽
종이
스윽
종이
스윽

✦ '종이'에 관한 오늘의 한 줄을 써 보세요.

채찍

‘·채’는 말을 몰거나 짐승을 다스릴 때 쓰던 ‘채찍’의 옛 말이에요. 지금은 ‘채찍’이라는 긴 말이 되었지만, 옛날에는 아주 짧고 강렬하게 **채**라고 불렀지요. 가던 길을 멈추지 않고 더 힘차게 나아가게 하는 **채**는 게으름을 경계하고 목표를 향해 달리는 의지를 상징하기도 했답니다.

우리 조상들은 스스로를 채찍질하며 마음의 고삐를 늦추지 않았어요. 오늘 하루 여러분을 더 힘차게 움직이게 한 나만의 기분 좋은 채찍은 무엇이었나요?

✦ '채찍'을 15세기 말과 현대말로 써 볼까요?

✦ '채찍'에 관한 오늘의 한 줄을 써 보세요.

드·레

두레박

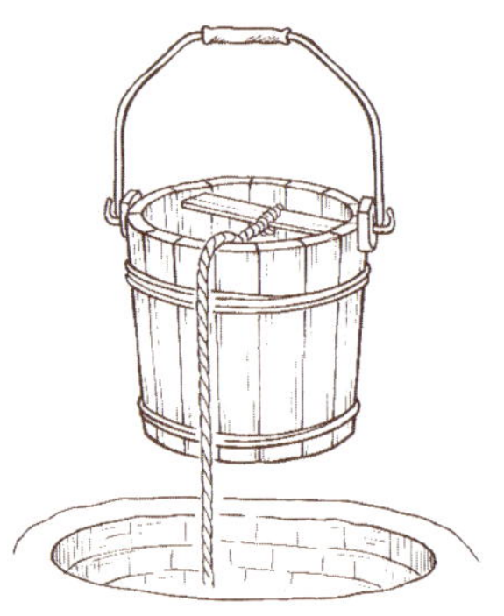

　‘드·레’는 깊은 우물물을 길어 올리는 ‘두레박’의 옛말이에요. 여기에 ‘박’이라는 말이 붙어 지금의 이름이 되었지요. 목마른 이들에게 시원한 생명수를 전해주던 **드·레**는 이웃 간의 정을 나누던 우물가의 주인공이었답니다. 줄을 길게 늘어뜨려 깊은 곳의 물을 퍼 올리는 **드·레**처럼, 우리의 마음에서도 깊은 정을 길어 올릴 두레가 있으면 좋겠어요.

우리 조상들은 두레박으로 물을 길으며 서로의
안부를 물었어요. 여러분의 깊은 마음속에서 길어 올리고 싶은
가장 맑은 생각은 무엇인가요?

✦ '두레박'에 관한 오늘의 한 줄을 써 보세요.

톱

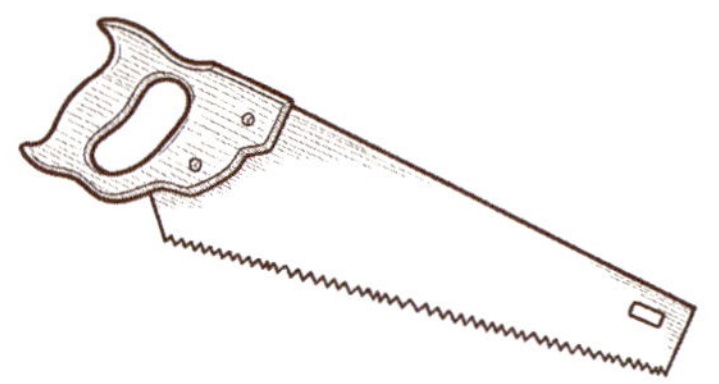

　'**톱**'은 15세기나 지금이나 똑같이 '톱'이라고 불려요. 나무를 자르고 다듬어 집을 짓거나 가구를 만들 때 쓰던 중요한 도구지요. 날카로운 톱날들이 모여 단단한 나무를 가르듯, 작은 노력이 모여 큰일을 이루어 내는 성실함을 잘 보여 주는 도구랍니다.

우리 조상들은 톱질 소리를 들으며 새 집이 지어질 희망을 품었어요. 여러분의 미래를 멋지게 설계하기 위해
오늘 꼭 다듬고 싶은 부분은 무엇인가요?

✦ '톱'을 15세기 말과 현대말로 써 볼까요?

✦ '톱'에 관한 오늘의 한 줄을 써 보세요.

벼·로

벼루

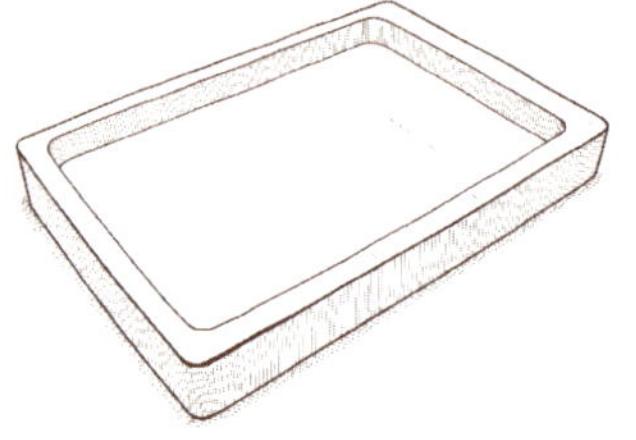

'**벼·로**'는 먹을 가는 '벼루'의 옛말이에요. 모음이 변해 지금의 벼루가 되었지요. 선비들의 사랑방에서 빠질 수 없는 문방사우 중 하나로, 검은 먹물이 고이는 **벼·로**는 지혜가 샘솟는 깊은 못과 같았어요. 정성껏 먹을 갈며 마음을 가다듬은 뒤 글자를 쓰던 조상들의 정갈한 모습이 떠오르는 낱말입니다.

우리 조상들은 벼루에 먹을 갈며
잡념을 없애고 마음을 가다듬었어요.
여러분은 복잡한 마음을
차분하게 가라앉히고 싶을 때 무엇을 하나요?

✦ '벼루'를 15세기 말과 현대말로 써 볼까요?

✦ '벼루'에 관한 오늘의 한 줄을 써 보세요.

잉아

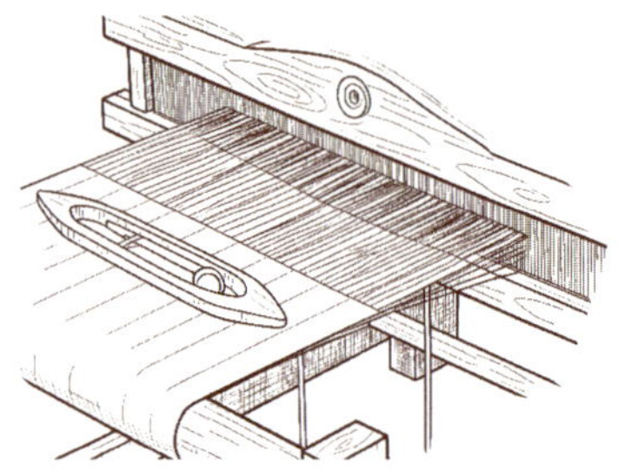

　‘**이·아**’는 베틀에서 날실을 끌어 올리는 굵은 실인 ‘잉아’의 옛말이에요. 베를 짤 때 한 올 한 올의 실이 엉키지 않게 길을 열어 주는 아주 중요한 역할을 하지요. 겉으로는 잘 보이지 않지만, 아름다운 옷감이 탄생하기 위해 꼭 필요한, 숨은 공신과 같은 도구랍니다.

우리 조상들은 잉아의 움직임에 맞춰 부지런히
손과 발을 움직여 베를 짰어요.
여러분의 삶이라는 멋진 옷감을 짜기 위해 묵묵히
제자리를 지켜 주는 잉아 같은 존재가 있나요?

✦ '잉아'에 관한 오늘의 한 줄을 써 보세요.

숯

‘숫’은 나무를 태워 만든 ‘숯’의 옛말이에요. 옛날에는 받침이 ‘ㅅ’이었지요. 숯은 추운 겨울 화로 안에서 은은한 온기를 나누어 주기도 하고, 간장을 담글 때 나쁜 기운을 막아 주는 깨끗함의 상징이기도 했어요. 자신을 태워 세상을 따뜻하고 맑게 만드는 고마운 존재랍니다.

우리 조상들은 겨울에 화로의 숯불을 보며 가족과 도란도란 이야기를 나누었어요. 여러분의 마음이 추울 때 은은하고 따뜻하게 데워 주는 가장 정겨운 추억이 있나요?

✦ '숯'에 관한 오늘의 한 줄을 써 보세요.

구리

구리

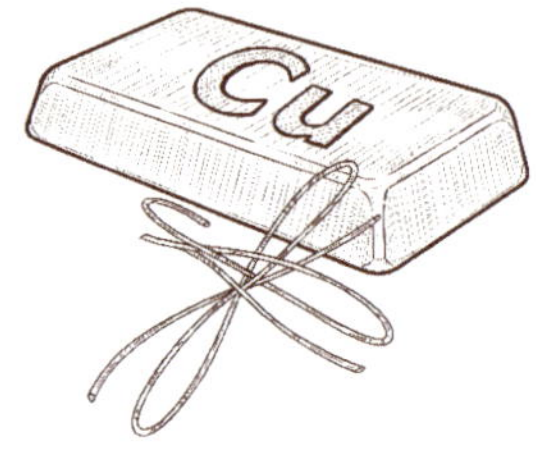

'구리'는 15세기나 지금이나 변함없는 이름이에요. 붉은빛을 띠는 이 금속은 단단하면서도 부드러워 숟가락, 그릇, 거울 등 우리 생활 곳곳에서 요긴하게 쓰였지요. 묵직한 광택을 내는 구리 도구들은 우리 조상들의 소박하면서도 기품 있는 삶을 잘 보여 줍니다.

우리 조상들은 구리로 만든 유기그릇을 귀하게
대접받는 상징으로 여겼어요. 여러분의 일상을
반짝이게 만들어 주는 가장 소중한 생활의 도구는 무엇인가요?

✦ '구리'를 15세기 말과 현대말로 써 볼까요?

✦ '구리'에 관한 오늘의 한 줄을 써 보세요.

브섭

부엌

　　'브섭'은 맛있는 음식이 만들어지는 '부엌'의 옛말이에
요. 반치음이 사라지고 소리가 변해 지금의 이름이 되었지
요. 아궁이에 불을 지피고 밥을 짓는 **브섭**은 집안의 따스
함과 생명력이 시작되는 곳이었어요. 어머니의 정성과 사
랑이 김처럼 모락모락 피어나는 정겨운 공간이랍니다.

　　우리 조상들은 부엌의 불씨를 소중히 여기며 집안의 안녕을
빌었어요. 여러분의 마음을 따뜻하게 해 주고 위로를 건네 주는
'영혼의 수프' 같은 음식은 무엇인지요?

✦ '부엌'을 15세기 말과 현대말로 써 볼까요?

✦ '부엌'에 관한 오늘의 한 줄을 써 보세요.

:널

널, 널빤지

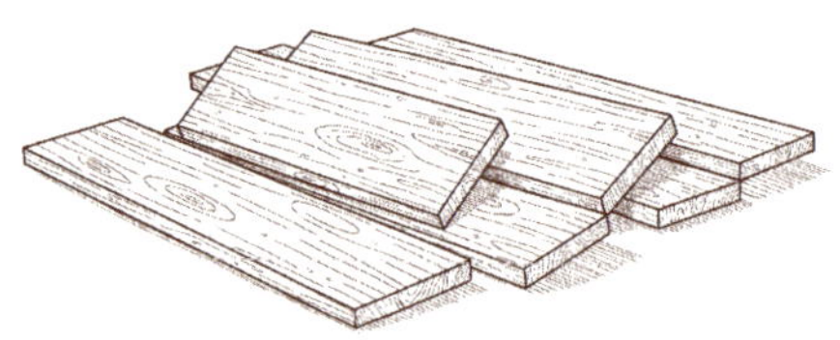

‘:널’은 길고 넓게 켠 나무 조각인 ‘널빤지’의 옛말이에요. 15세기부터 짧고 담백하게 ‘:널’이라고 불렀지요. :널로 마루를 깔고, 대문을 만들었고, 때때로 :널은 아이들의 놀이인 널뛰기의 도구가 되기도 했어요. 높이 널을 뛰며 먼 곳을 구경하기도 했지요. 우리 삶의 기초가 되고 즐거움이 되어 주는 단단하고 평평한 바탕이랍니다.

우리 조상들은 단단한 널마루 위에서 여름의 시원함을 즐겼어요. 여러분의 마음을 평온하게 받쳐 주는 든든하고 넓은 마루 같은 공간은 어디인가요?

✦ '널빤지'를 15세기 말과 현대말로 써 볼까요?

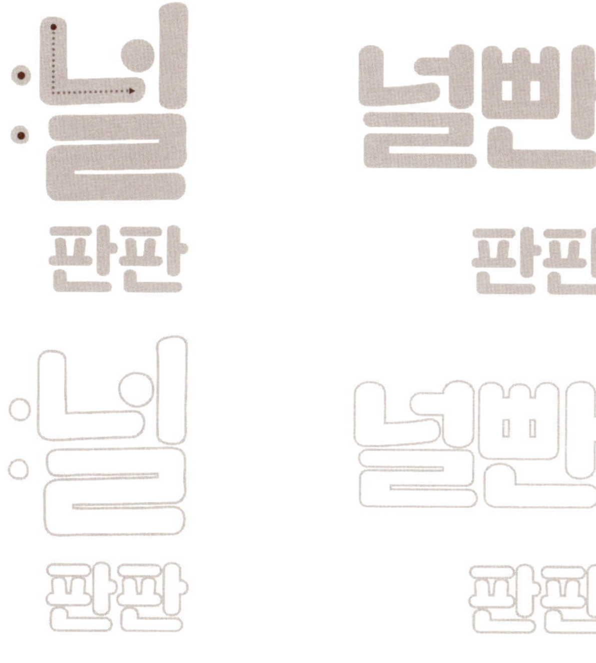

✦ '널빤지'에 관한 오늘의 한 줄을 써 보세요.

대야, 손대야

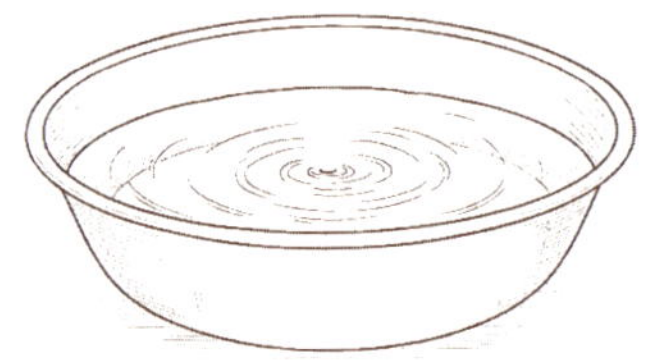

'다야'는 손이나 얼굴을 씻을 때 쓰는 '대야'의 옛말이에요. 아침 일찍 깨끗한 물을 담은 '다야'에 얼굴을 씻으며 하루를 정갈하게 시작하던 조상들의 마음이 담겨 있지요. 밖에서 묻혀 온 먼지와 피로를 말끔히 씻어 내 주는 고마운 생활 도구랍니다.

우리 조상들은 맑은 물에 마음의 때까지
씻어내려 했어요. 오늘 여러분이
씻어 내고 싶은 마음의 때는 무엇인가요?

✦ '대야'를 15세기 말과 현대말로 써 볼까요?

✦ '대야'에 관한 오늘의 한 줄을 써 보세요.

우산

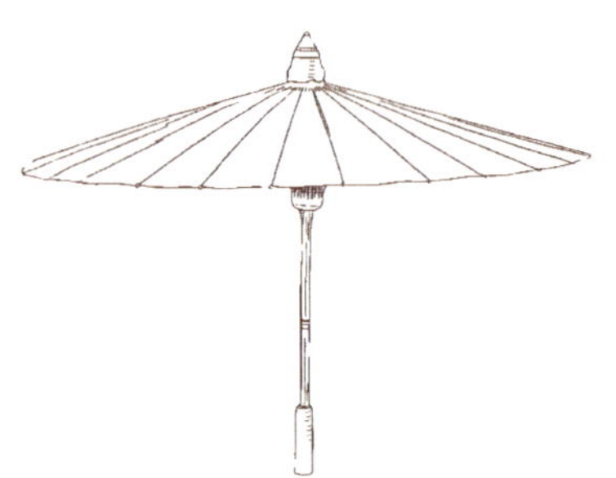

　　'슈룹'은 비를 막아 주는 '우산'을 뜻하는 옛말이에요. 한자어인 '우산'에 밀려 지금은 사라졌지만, 소리 내어 읽으면 마치 비 내리는 소리처럼 정겹게 들리지요. 갑작스러운 비에 머리 위를 가려주던 슈룹처럼, 누군가의 슬픔을 말없이 가려 주는 따뜻한 배려가 느껴지는 낱말입니다.

　　우리 조상들은 비 오는 날 슈룹을 나눠 쓰며 이웃의
어깨가 젖지 않게 배려했어요. 비 내리는 세상 속에서
여러분의 마음을 지켜 주는 든든한 우산은 누구인가요?
여러분도 누군가의 우산이 된 적 있나요?

✦ '우산'을 15세기 말과 현대말로 써 볼까요?

✦ '우산'에 관한 오늘의 한 줄을 써 보세요.

쥬련

수건

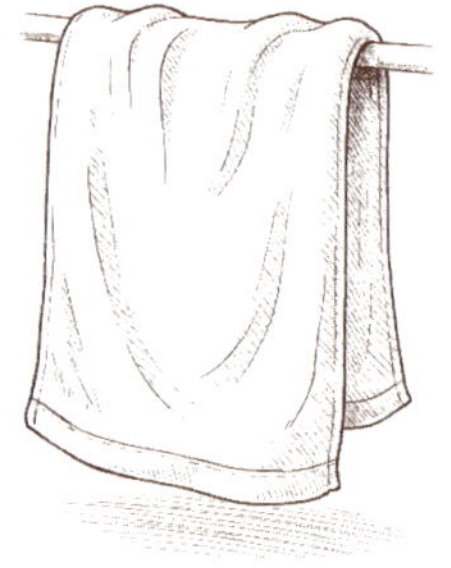

　‘**쥬련**’은 몸이나 손을 닦는 ‘수건’의 옛말이에요. ‘수건’이
라는 한자어 대신 쓰이던 정겨운 우리말이지요. 땀 흘려 일
한 뒤 **쥬련**으로 이마를 닦을 때의 시원함, 혹은 씻고 난 뒤
의 뽀송뽀송함, **쥬련**은 우리 생활의 가장 가까운 곳에서 청
결과 안락함을 주는 도구였답니다.

우리 조상들은 수건 한 장에도 정성을 담아
자수를 놓기도 했어요. 고단한 하루를 보낸 여러분의
눈물이나 땀을 닦아 주는 수건은 무엇인가요?

✦ '수건'을 15세기 말과 현대말로 써 볼까요?

✦ '수건'에 관한 오늘의 한 줄을 써 보세요.

독

독, 옹기

'**독**'은 김치나 장을 담가 두는 '옹기'의 옛말이에요. 15세기나 지금이나 변함없이 '독'이라 불리며 우리 밥상의 깊은 맛을 책임지고 있지요. 숨 쉬는 그릇이라 불리는 독 안에서 장이 익어 가듯, 우리네 인생도 시간의 흐름 속에서 깊고 풍성한 맛을 내기를 바라는 마음이 담겨 있습니다.

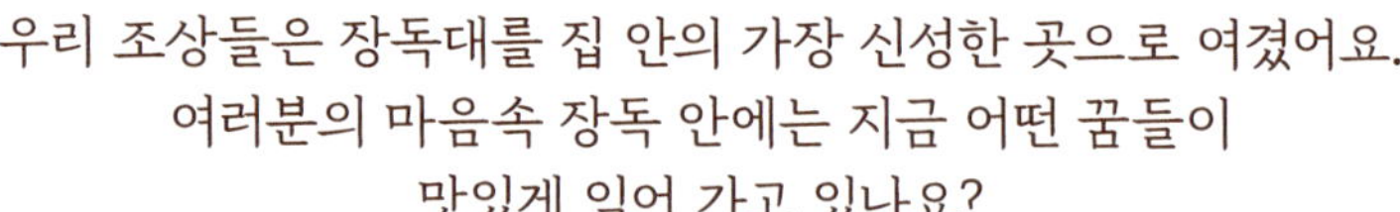

우리 조상들은 장독대를 집 안의 가장 신성한 곳으로 여겼어요. 여러분의 마음속 장독 안에는 지금 어떤 꿈들이 맛있게 익어 가고 있나요?

✦ '독, 옹기'를 15세기 말과 현대말로 써 볼까요?

✦ '옹기'에 관한 오늘의 한 줄을 써 보세요.

갓

　‘·갇’은 선비들이 머리에 쓰던 ‘갓’의 옛말이에요. 옛날에
는 받침을 ‘ㄷ’으로 적었지요. 갓은 단순히 햇볕을 가리는
도구가 아니라, 선비의 기개와 예의를 상징하는 품격의 결
정체였어요. 갓끈을 바로잡으며 마음을 가다듬던 조상들
의 꼿꼿한 선비 정신이 느껴지는 낱말입니다.

우리 조상들은 갓을 쓰고 의관을 정제하며
스스로를 경계했어요. 여러분이 오늘 하루 꼭 지키고 싶었던
마음의 품격은 무엇이었나요?

✦ '갓'을 15세기 말과 현대말로 써 볼까요?

✦ '갓'에 관한 오늘의 한 줄을 써 보세요.

붓

  '붇'은 글씨를 쓰거나 그림을 그리는 '붓'의 옛말이에요. 받침이 'ㄷ'인 것이 지금과 다르지요. 부드러운 털의 끝에 먹을 묻혀 하얀 종이 위를 달리는 붓은 생각과 마음을 세상 밖으로 꺼내는 마법의 지팡이와 같았어요. 한 획 한 획 정성을 다하는 붓질 속에 조상들의 혼이 담겨 있답니다.

우리 조상들은 붓 한 자루로 역사를 기록하고 세상을 논했어요.
여러분의 인생이라는 도화지 위에 오늘 붓으로
남기고 싶은 가장 아름다운 문장은 무엇인가요?

✦ '붓'을 15세기 말과 현대말로 써 볼까요?

✦ '붓'에 관한 오늘의 한 줄을 써 보세요.

·신

신, 신발

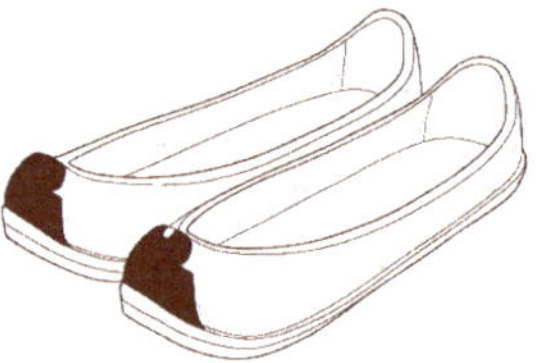

'·신'은 예나 지금이나 똑같이 '신'이라고 불려요. 우리를 세상 밖으로 데려다주는 가장 고마운 도구지요. 짚신부터 가죽신까지, 신은 우리가 걷는 모든 길을 함께하며 발을 보호해 주었어요. 좋은 신이 우리를 좋은 곳으로 데려다준다는 말처럼, 신은 새로운 시작과 여행을 상징한답니다.

우리 조상들은 먼 길을 떠나기 전 신발 끈을 고쳐 매며 각오를 다졌어요. 여러분의 신발은 오늘 여러분을 어떤 행복한 곳으로 안내해 주었나요?

◆ '신, 신발'을 15세기 말과 현대말로 써 볼까요?

◆ '신'에 관한 오늘의 한 줄을 써 보세요.

체

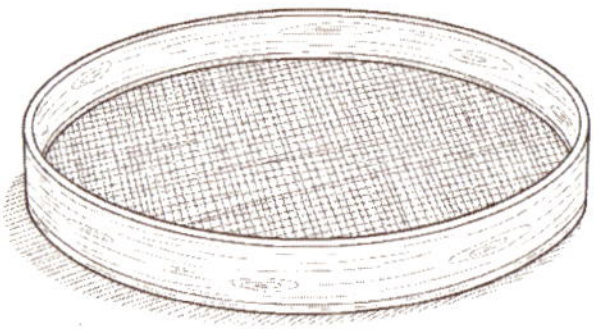

　'체'는 가루를 곱게 거르거나 액체를 받칠 때 쓰는 도구로, 15세기에도 그대로 '체'였어요. 거친 것들을 걸러내고 가장 곱고 깨끗한 것만 남기는 체의 모습은, 우리 마음속의 불순물을 걸러 내고 맑은 본성만을 남기려는 수양의 과정과도 닮아 있습니다.

　우리 조상들은 체로 곱게 거른 가루로 맛있는 떡을 쪄서 정을 나누었어요. 오늘 여러분의 마음속에서 걸러 내고 싶은 나쁜 생각과 남기고 싶은 예쁜 마음은 무엇인가요?

✦ '체'를 15세기 말과 현대말로 써 볼까요?

✦ '체'에 관한 오늘의 한 줄을 써 보세요.

자

'**·자·**'는 길이를 재는 도구로, 변함없이 '자'라고 불려 왔어요. 사물의 길이를 정확히 재는 자는 공정함과 정확한 기준의 상징이었지요. 내 마음의 잣대가 너무 엄격하지는 않은지, 혹은 너무 느슨하지는 않은지 돌아보게 하는 지혜가 담긴 도구입니다.

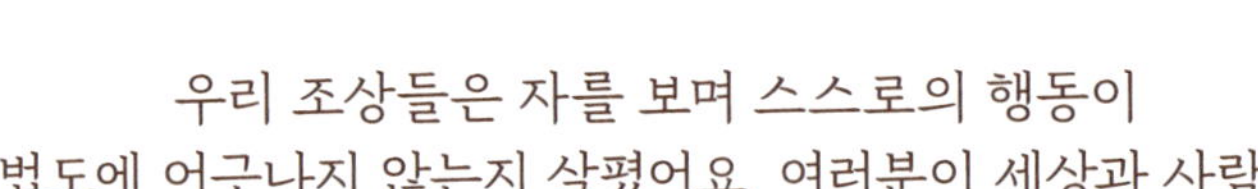

우리 조상들은 자를 보며 스스로의 행동이
법도에 어긋나지 않는지 살폈어요. 여러분이 세상과 사람을
바라보는 나만의 따뜻한 기준은 무엇인가요?

✦ '자'를 15세기 말과 현대말로 써 볼까요?

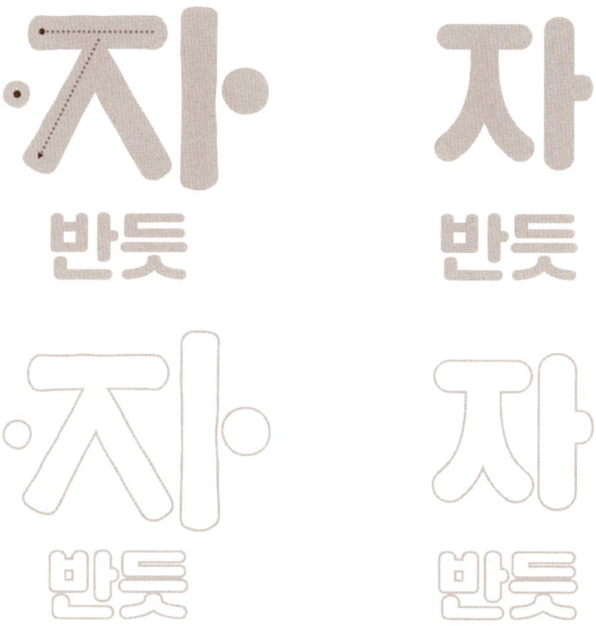

✦ '자'에 관한 오늘의 한 줄을 써 보세요.

드뵈

뒤웅박

'드뵈'는 박을 쪼개지 않고 속만 파내어 만든 '뒤웅박'의 옛말이에요. 씨앗을 보관하거나 물건을 담아 두던 **드뵈**는 둥글둥글한 모양만큼이나 넉넉한 인심을 상징했지요. 물론 '여자 팔자는 뒤웅박 팔자'라는 부정적인 말도 있어요. 가난한 사람들은 뒤웅박에 쌀을 담아 사용했고, 부자들은 더 값진 것을 담아 사용하다 여자의 운명은 만나는 남자에 따라 달라진다는 의미로 사용한 것이지요. 지금은 절대 사용해서는 안 되는 차별적인 말이랍니다.

우리 조상들은 뒤웅박에 소중한 씨앗을 담아
내년 농사를 기약했어요. 여러분의 마음속 뒤웅박 안에는
어떤 희망의 씨앗들이 담겨 있나요?

✦ '뒤웅박'을 15세기 말과 현대말로 써 볼까요?

✦ '뒤웅박'에 관한 오늘의 한 줄을 써 보세요.

쥭

주걱, 밥주걱

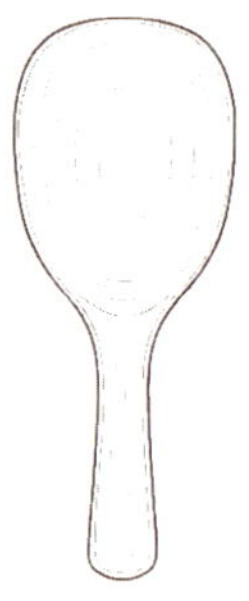

'**쥭**'은 밥을 푸는 '주걱'의 옛말이에요. 15세기에는 **쥭**이라는 짧은 소리였지요. 갓 지은 솥밥을 고루 섞어 밥그릇에 소복이 담아주던 **쥭**은 따뜻한 식탁의 시작이었어요. 밥을 푸는 **쥭**의 움직임에는 가족들의 배고픔을 달래 주려는 어머니의 지극한 정성이 실려 있답니다.

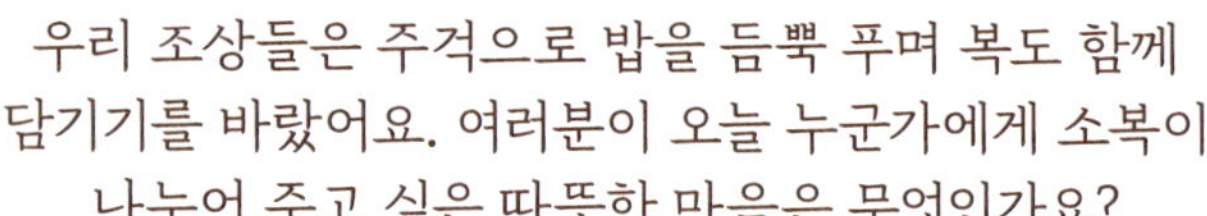

우리 조상들은 주걱으로 밥을 듬뿍 푸며 복도 함께
담기기를 바랐어요. 여러분이 오늘 누군가에게 소복이
나누어 주고 싶은 따뜻한 마음은 무엇인가요?

✦ ‘주걱’을 15세기 말과 현대말로 써 볼까요?

✦ ‘주걱’에 관한 오늘의 한 줄을 써 보세요.

옷

　　우리 몸을 감싸 주는 '·옷'은 예나 지금이나 변함없이 '옷'이라고 했어요. 추위와 더위로부터 우리를 보호할 뿐만 아니라, 그 사람의 마음가짐과 품격을 나타내기도 하지요. 정갈하게 입은 옷 한 벌은 나 자신을 존중하고 타인을 예우하는 첫걸음이었답니다.

　　우리 조상들은 옷매무새를 바로잡으며 마음의 흐트러짐을 경계했어요. 오늘 여러분이 입은 옷처럼 여러분의 마음도 포근하고 정갈하게 빛나고 있나요?

✦ '옷'을 15세기 말과 현대말로 써 볼까요?

✦ '옷'에 관한 오늘의 한 줄을 써 보세요.

실

실

'실'은 15세기부터 지금까지 똑같이 '실'이라고 불려요.
끊어질 듯 이어지는 가늘지만 질긴 실은 긴 생명과 인연을
상징했지요. 흩어진 조각들을 하나로 잇고 구멍 난 곳을
메워 주는 실처럼, 사람과 사람 사이의 인연도 실타래처럼
소중하고 끈끈하게 이어지기를 바랐답니다.

우리 조상들은 아기 돌잔치에 실을 놓으며 무병장수를
빌었어요. 여러분의 삶에서 결코 끊어지지 않기를 바라는
소중한 인연의 실은 무엇인가요?

✦ '실'을 15세기 말과 현대말로 써 볼까요?

✦ '실'에 관한 오늘의 한 줄을 써 보세요.

괘

안족, 거문고 기둥

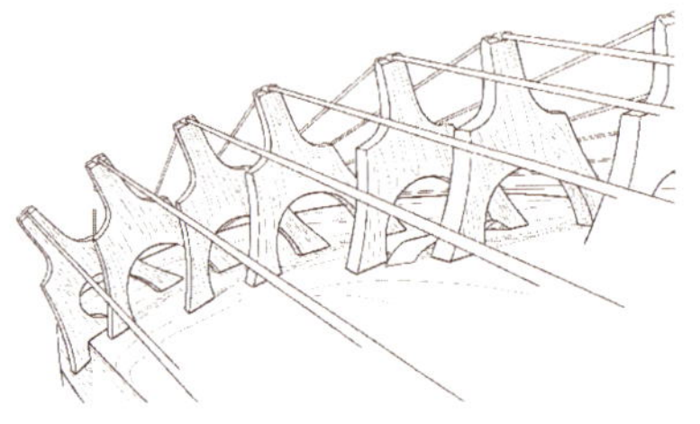

'괘'는 거문고나 가야금의 줄을 받쳐 주는 작은 기둥인 '안족'의 옛말이에요. 기러기 발을 닮았다고 해서 지금은 안족이라 부르지요. 이 작은 괘가 줄을 든든히 받쳐 주어야만 비로소 아름다운 소리가 날 수 있어요. 화려한 선율 뒤에서 묵묵히 무게를 견디는 아주 소중한 받침대랍니다.

우리 조상들은 거문고의 작은 기둥들을 옮기며 음을 맞추고 세상의 조화를 생각했어요. 여러분의 일상이 아름다운 소리를 낼 수 있게 받쳐 주는 든든한 지지자는 누구인가요?

✦ '안족, 거문고 기둥'을 15세기 말과 현대말로 써 볼까요?

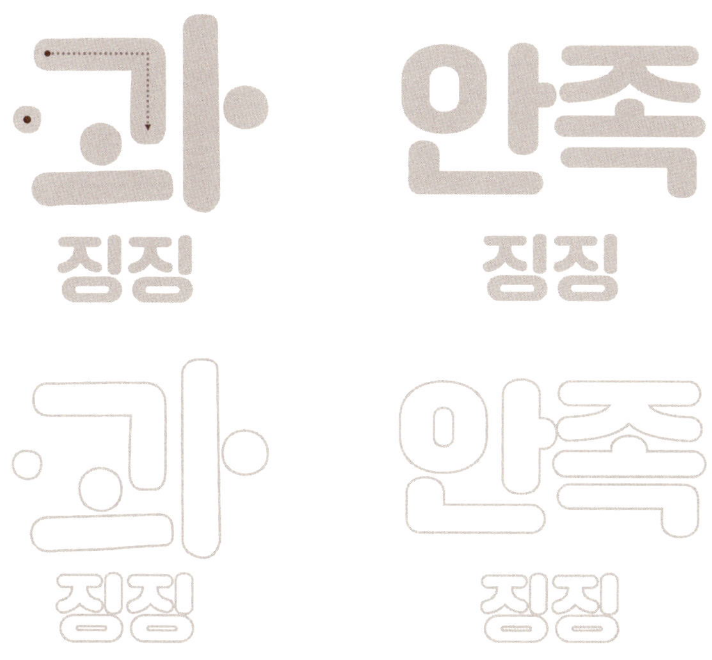

✦ '안족'에 관한 오늘의 한 줄을 써 보세요.

횃불

　‘화’는 어둠을 밝히는 ‘횃불’의 옛말이에요. 15세기에도 짧고 강렬하게 **화**라고 불렀지요. 칠흑 같은 밤길을 환하게 비추고 나쁜 기운을 쫓아내던 횃불은 희망과 용기의 상징이었어요. 타오르는 불꽃처럼 뜨거운 열정으로 앞길을 개척해 나가는 힘이 느껴지는 낱말입니다.

우리 조상들은 어둠 속에서 횃불을 높이 들고 길을 찾아
나섰어요. 지금 어두운 고민의 터널을 지나고 있나요?
잠깐 고개를 돌려 보면 분명 주위에서 여러분의
마음을 밝혀 줄 횃불을 찾을 수 있을 거예요.

✦ ‘횃불’에 관한 오늘의 한 줄을 써 보세요.

낚시

　　'낛'은 물고기를 잡는 '낚시'의 옛말이에요. 옛날에는 받침이 'ㄳ'이었지요. 낚시는 단순히 고기를 잡는 행위를 넘어, 물가를 바라보며 세월을 낚고 마음의 평온을 찾는 기다림의 예술이었어요. 줄을 물에 드리우고 고요히 나를 돌아보는 시간은 조상들의 멋스러운 풍류였답니다.

　　우리 조상들은 낚시를 하며 자연과 하나가 되는 여유를 즐겼어요. 바쁜 일상 속에서 여러분에게 마음의 평화와 여유를 안겨 주는 소중한 시간을 꼭 만들어 보세요.

✦ ‘낚시’를 15세기 말과 현대말로 써 볼까요?

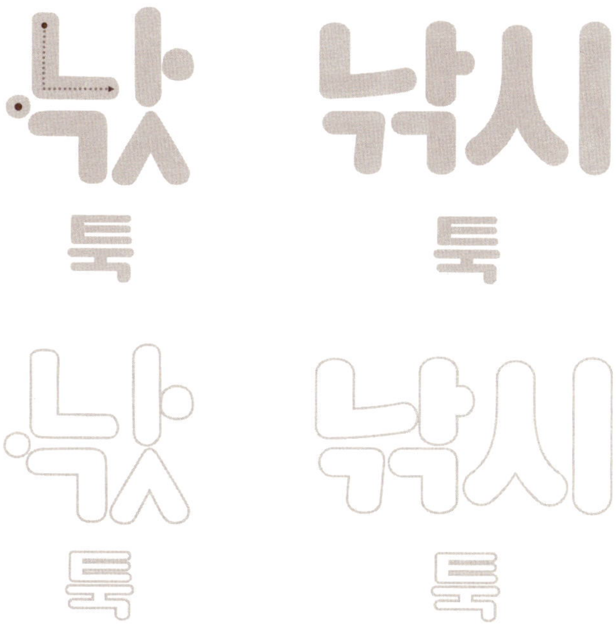

✦ ‘낚시’에 관한 오늘의 한 줄을 써 보세요.

활

활

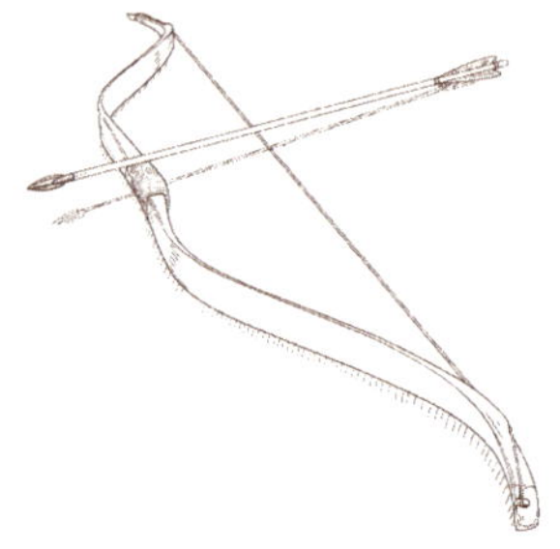

　‘**활**’은 15세기나 지금이나 똑같이 ‘활’이라고 불려요. 우리 민족은 예로부터 활을 잘 쏘기로 유명한 ‘동이족’이었지요. 활은 적을 막는 무기이기도 했지만, 선비들이 몸과 마음을 수양하기 위해 즐기던 고결한 수련이자 즐겁게 즐기던 스포츠이기도 했답니다. 시위를 떠난 화살처럼 정직하게 목표를 향해 가는 기개가 담겨 있어요.

우리 조상들은 활시위를 당기며 마음의 평정을 찾으려 애썼어요.
여러분이 오늘 하루 목표를 향해 쏜
마음의 화살은 어디에 명중했나요?

✦ '활'을 15세기 말과 현대말로 써 볼까요?

✦ '활'에 관한 오늘의 한 줄을 써 보세요.

칼

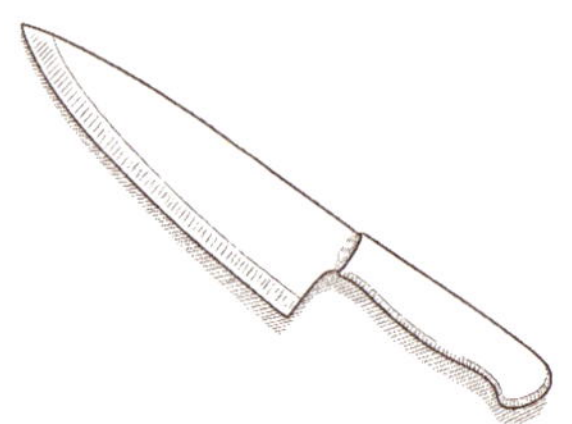

‘갈’은 물건을 자르거나 다듬는 ‘칼’의 옛말이에요. ‘ㄱ’ 소리가 거세져서 지금의 ‘칼’이 되었지요. 음식을 만드는 부엌의 칼부터 자신을 지키는 은장도까지, **갈**은 쓰임에 따라 사람을 살리기도 하고 지키기도 하는 도구였어요. 잘 갈아진 칼날처럼 예리하고 명확한 지혜나 용감하게 내리는 결단을 상징하기도 합니다.

우리 조상들은 칼을 갈며 정신을 맑게 가다듬고 결연한 의지를 다졌어요. 여러분의 복잡한 고민을 명쾌하게 만들어 주는 ‘칼’과 같은 행동이나 의식이 있나요?

✦ '칼'을 15세기 말과 현대말로 써 볼까요?

✦ '칼'에 관한 오늘의 한 줄을 써 보세요.

:깁

깁, 비단

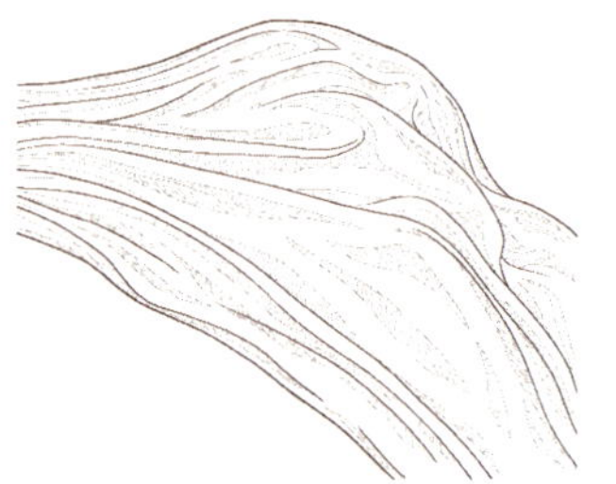

‘:깁’은 아주 곱고 얇게 짠 ‘비단’을 뜻하는 옛말이에요. 구멍이 송송 뚫린 것처럼 가볍고 시원한 명주 천을 말하지요. 햇빛에 비치면 은은하게 빛나는 :깁은 조상들에게 가장 화려하고 귀한 옷감이었어요. 그 부드러운 촉감만큼이나 우아하고 섬세한 아름다움이 담긴 단어입니다.

우리 조상들은 귀한 분께 비단으로 만든 옷을 선물하며 존경을 표했어요. 여러분의 삶을 비단처럼 부드럽고 빛나게 감싸 주는 소중한 가치는 무엇인가요?

✦ '비단'에 관한 오늘의 한 줄을 써 보세요.

못

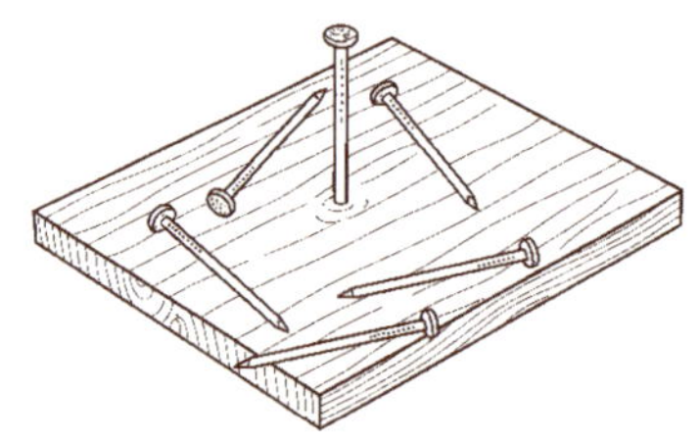

　'몯'은 나무 등을 고정할 때 박는 '못'의 옛말이에요. 받침이 'ㄷ'이었다가 현재의 형태로 바뀌었지요. 작은 못 하나가 커다란 집의 뼈대를 단단히 붙잡아 주듯, 보이지 않는 곳에서 묵묵히 제 역할을 다하는 못은 신뢰와 결속의 상징이었답니다.

우리 조상들은 못 하나를 박을 때도 집의 안녕을 생각하며
정성을 다했어요. 여러분의 흔들리는 마음을 단단히
고정해 주는 나만의 '못' 같은 존재는 무엇인가요?

✦ '못'에 관한 오늘의 한 줄을 써 보세요.

갖

가죽, 껍질

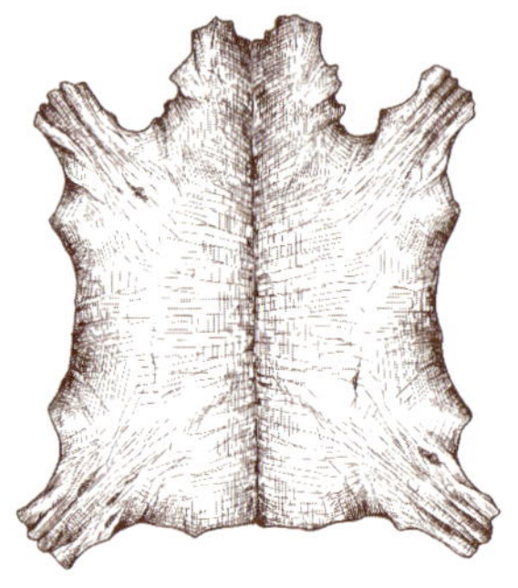

　'**갖**'은 짐승의 피부인 '가죽'이나 물체의 껍질을 뜻하는 옛말이에요. '살갗'이라는 말속에 여전히 그 흔적이 남아 있지요. 비바람과 상처로부터 속살을 보호해 주는 **갖**은 강인한 인내와 방어의 상징이었어요. 거칠지만 단단한 가죽처럼 우리 마음도 시련을 견디며 더 튼튼해지기를 바랐답니다.

우리 조상들은 튼튼한 가죽으로 신과 옷을 만들어 험한 길을
헤쳐 나갔어요. 외부의 시선으로부터 여러분의
소중한 내면을 지켜 주는 든든한 방패는 무엇인가요?

✦ ‘가죽, 껍질’에 관한 오늘의 한 줄을 써 보세요.

:밀

밀랍

　'**:밀**'은 벌집에서 추출한 '밀랍'의 옛말이에요. 초를 만들거나 약을 바를 때, 혹은 귀한 가구를 닦을 때 쓰였지요. 은은한 향기를 내며 타오르는 밀초는 어둠을 밝히는 정갈한 빛이었어요. 자신을 녹여 빛을 내고 윤기를 더하는 **:밀**처럼, 세상을 부드럽게 감싸는 따뜻함이 담겨 있습니다.

우리 조상들은 밀랍을 발라 가구의 윤을 내며 정성을 다했어요.
여러분의 삶에 은은한 윤기와 향기를 더해 주는
나만의 취미나 습관은 무엇인가요?

✦ '밀랍'을 15세기 말과 현대말로 써 볼까요?

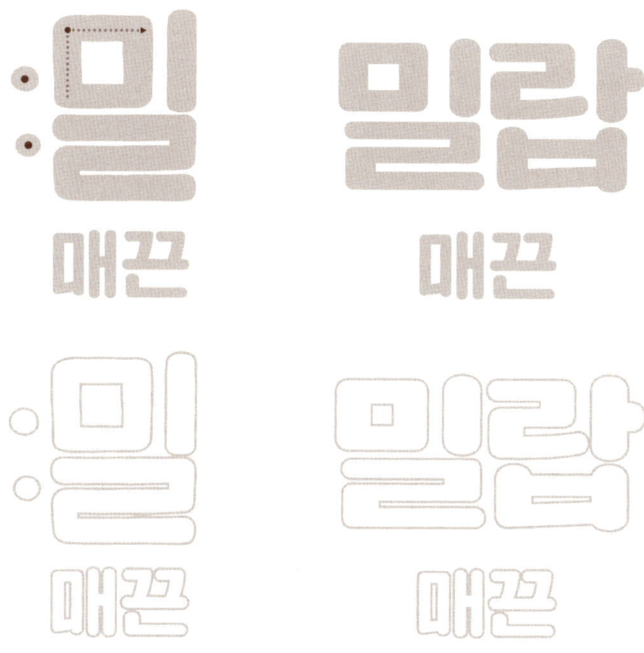

✦ '밀랍'에 관한 오늘의 한 줄을 써 보세요.

·뎔

절, 사찰

'·뎔'은 마음의 평화를 찾는 '절'의 옛말이에요. 'ㄷ' 소리
가 'ㅈ'으로 변해 지금의 '절'이 되었지요. 산속 깊은 곳에
자리 잡은 ·뎔은 조상들에게 번뇌를 내려놓고 자연과 하나
가 되는 신성한 공간이었어요. 은은한 풍경 소리와 목탁
소리가 들려오는 ·뎔은 지친 영혼의 쉼터였답니다.

우리 조상들은 절을 찾아 마음을 비우고 이웃의 평안을 위해
기도했어요. 여러분의 복잡한 마음을 고요하게 잠재워 주는
나만의 명상 장소는 어디인가요?

✦ '절, 사찰'을 15세기 말과 현대말로 써 볼까요?

✦ '절'에 관한 오늘의 한 줄을 써 보세요.

드리

다리

　‘**드리**’는 강이나 계곡을 건너게 해주는 ‘다리’의 옛말이에요. 아래아(하늘아)를 써서 **드리**라고 불렀지요. 단절된 두 세계를 이어 주는 다리는 소통과 만남의 상징이었어요. 돌다리든 외나무다리든, 조상들은 다리를 건너며 사람과 사람 사이의 인연도 깊게 이어지기를 바랐답니다.

우리 조상들은 정월 대보름에 다리를 밟으며
한 해의 건강을 빌었어요.
오늘 여러분이 간절하게 건너고 싶은 마음의 다리가 있나요?
간절하게 건강을 빌어주고 싶은 누군가가 있나요?

✦ ‘다리’를 15세기 말과 현대말로 써 볼까요?

✦ ‘다리’에 관한 오늘의 한 줄을 써 보세요.

담

담, 담장

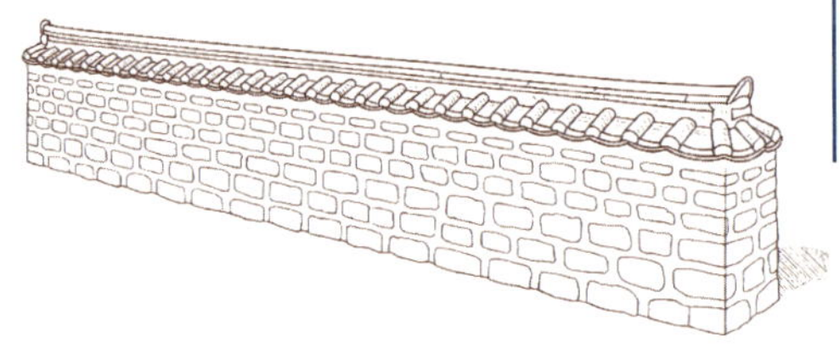

　‘**담**’은 집의 안과 밖을 나누는 ‘담장’을 뜻하며, 예나 지금이나 똑같이 불려요. 하지만 조상들의 담은 꽉 막힌 벽이 아니라, 그리 높지 않은 담 너머로 꽃가지가 살짝 고개를 내미는 소통의 경계였지요. 나를 지켜 주면서도 이웃과 눈인사를 나눌 수 있는 다정하고 따뜻한 울타리였답니다.

우리 조상들은 낮은 돌담을 쌓으며 이웃과 정을 나누고
살았어요. 여러분이 소중히 지키고 싶은 나만의 공간과
이웃에게 살짝 열어 두고 싶은 마음의 담장은 어떤 모습인가요?

✦ '담'을 15세기 말과 현대말로 써 볼까요?

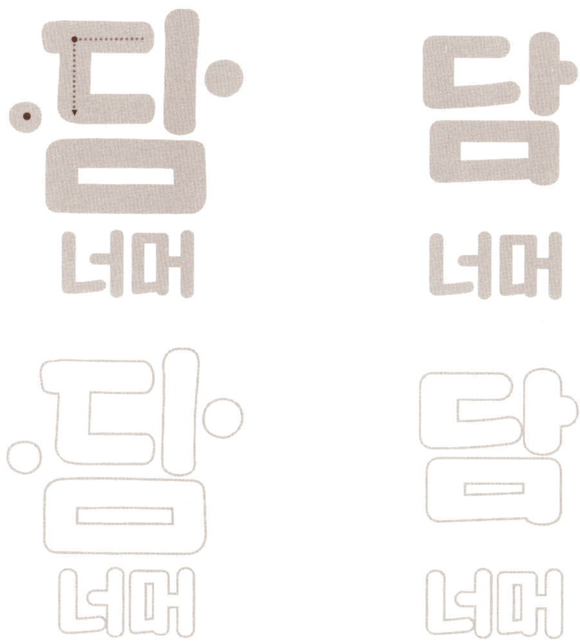

✦ '담'에 관한 오늘의 한 줄을 써 보세요.

울

울타리

　'울'은 집 주변을 둘러싼 '울타리'의 옛말이에요. 15세기부터 짧게 울이라 불렀지요. 가축을 가두어 기르는 '우리'라는 말도 이 울에서 나왔다고 해요. 한 울타리 안에서 서로를 돌보고 아끼는 따뜻한 공동체의 정신이 담겨 있는 단어랍니다. 바람을 막아주고 안락함을 선사하는 포근한 경계이지요.

우리 조상들은 울타리에 박 넝쿨을 올리며 함께 풍요를
꿈꿨어요. 세상에서 여러분을 따뜻하게 감싸 주는
가장 안전하고 행복한 울타리는 누구인가요?

✦ '울타리'에 관한 오늘의 한 줄을 써 보세요.

기둥

‘긷’은 집을 지탱하는 ‘기둥’의 옛말이에요. 받침이 ‘ㄷ’인 짧은 이름이었지요. 지붕의 무게를 온몸으로 견디며 집의 뼈대를 이루는 **긷**은 듬직한 사람이나 굳건한 신념을 상징하기도 해요. 비바람에도 흔들리지 않고 중심을 잡아주는 기둥이 있기에 우리는 안심하고 쉴 수 있답니다.

우리 조상들은 기둥을 세울 때 집안의 영원한 안녕을 기원했어요. 흔들리는 세상 속에서 여러분의 중심을 꽉 잡아 주는 인생의 기둥 같은 가치는 무엇인가요?

✦ '기둥'을 15세기 말과 현대말로 써 볼까요?

✦ '기둥'에 관한 오늘의 한 줄을 써 보세요.

**훈민정음 해례본
낱말 날적이**

초판 인쇄 2026년 3월 3일
초판 발행 2026년 3월 20일

지음 김슬옹
펴낸이 정은영
책임 편집 신연수
마케팅 신성종
디자인 문지현

펴낸곳 마리북스
출판등록 제2019-000292호
주소 (10542) 경기도 고양시 덕양구 청초로10 GL메트로시티 A2동 1001-1호
전화 02)336-0729, 0730 팩스 070)7610-2870
홈페이지 www.maribooks.com
Email mari@maribooks.com
인쇄 (주)신우인쇄

ISBN 979-11-93270-50-9 (03700)